Reader's Digest

LARGE PRINT Religious WORD SEARCHES

TABLE OF CONTENTS

Section 1
BIBLICAL LIFE and *Times* ..... PAGE 2

Section 2
EVERLASTING *Love* ..... PAGE 24

Section 3
HEAVEN and *Earth* ..... PAGE 46

Section 4
FAITH, HOPE and *Charity* ..... PAGE 68

Section 5
THE WORD of *God* ..... PAGE 90

ANSWER PAGES ..... PAGE 112

T0024491

SHARPEN YOUR MENTAL POWERS WHILE YOU INSPIRE YOUR CHRISTIAN SPIRIT!

Enjoy hours of mind-stretching fun with 100 inspirational large print religious word searches that are easy on your eye, as well as challenging for your brain!

HOW TO DO THE WORD SEARCHES IN THIS BOOK

- *To complete the word searches in each section, you must find hidden words within a* ***grid of letters****.*
- *All words are hidden* ***vertically****,* ***horizontally*** *or* ***diagonally****—in both directions, so the letters of the words can run either forward or backward.*
- *To make things more* ***challenging****, not all the letters in each grid will be used, although some can be used twice!*
- *If the going gets too tough, all the word search solutions can be found at the* ***back of this book****.*
- *You'll be given a list of words to find with every word search, and each puzzle is based on a* ***religious theme*** *appropriate to the section it's in.*
- *In some of the lists, you might find words in* ***parentheses****. The words in parentheses are not in the puzzle grid, so it's not necessary to look for them. They are in the lists to enhance the understanding of the* ***Christian subject matter*** *pertinent to the word search theme.*

SECTION 1

BIBLICAL LIFE and *Times*

OVER 2,000 YEARS have passed since the Old Testament was written down, and nearly as much time has elapsed since the New Testament first appeared. Although basic truths in the Scriptures remain clear, many of the customs, tools, occupations, household implements and foods mentioned in the Bible may be unfamiliar to us today.

The word searches in this section try to shed light on some of the fascinating everyday aspects of biblical times. By bringing into focus some of the details of daily life during the time of the patriarchs and prophets, a more vivid picture springs forth to help enhance our experience and understanding of the Scriptures.

"Therefore do not worry about tomorrow, for tomorrow will worry about itself. Each day has enough trouble of its own."

—Matthew 6:34

DINNER DURING BIBLICAL TIMES

"Better is a dinner of vegetables where love is than a fatted ox and hatred with it," advises Proverbs 15:17. An important daily meal, dinner was eaten in the evening, after work. Usually a common pot containing a vegetable stew was placed on a mat or table. The family gathered around it, scooping the stew with pieces of bread; cutlery was rarely available. Fruit followed. The wealthy dined more elegantly, and dinner guests were common.

BIBLE DEFINITIONS

ANT In the Bible, a symbol of industry and foresight

HEADBAND A strip of metal, such as gold or silver, worn as an ornament on the head

MATTOCK A tool similar to a modern hoe that was used to break up soil, typically made of iron, with a wooden handle

PEASANTRY Small landowners or farmworkers living in a rural, rather than an urban, setting

QUIVER A bag, often made of leather, designed to hold arrows, typically worn over the shoulder

SILAGE Feed made for livestock

SPONGE The porous skeleton of a type of marine animal, commonly found on the shores of the Mediterranean Sea

SQUAD A group of four soldiers who took charge of one of four watches of the night

TAUNT-SONG A song of mockery

TRIREME Ancient Greek galley ship that had three rows of oars

WAISTCLOTH An undergarment made of cloth and worn around the loins ■

?&A

Q *How was hair styled during the Old Testament?*

A *In early biblical times, men and women wore their hair long. Barbers existed, but they apparently trimmed hair rather than cut it short. Absalom had hair so long that each year he cut off "two hundred shekels" (2 Samuel 14:26)—about six pounds. Samson wore his long hair, the source of his strength, in seven braids (Judges 16:13).*

Amen to That!

I was telling my three boys the story of the Nativity and how the Wise Men brought gifts of gold, frankincense and myrrh for the infant Jesus. Clearly giving it a lot of thought, my six-year-old observed, "Mom, a Wise Woman would have brought diapers."

THE *Apostles*

Jesus chose his disciples, "whom he named apostles." The names of the 12 are given (with some variation) in Mark 3:13–19, Matthew 10:1–4 and Luke 6:12–16.

J F A Q U S R Q M Y B Y V N F
B K N Z D F R V W E H T T A M
S A D R L V N U Y H R A X M J
A E R N E B J Y Q Y Q P W A P
M L E T C M S O Q A N I M H L
O G W F H K S U O A S E I J D
H D R W R O Y W E I S L G A B
T I J E H U L D M A I I H F H
C C T O U H F O I P D R P L I
J E A V A S N A M D R D I S W
P Z Q N A M L W F E G H A S B
E A H D A Q O O E D W I D H X
R O U F Y L K J Q T R N Y K T
J J V P Q Z S R G L S E M A J

MATTHEW
BARTHOLOMEW
SIMON (the Zealot)
JAMES (son of Zebedee)
ANDREW
PHILIP
THOMAS
JOHN
PETER
JAMES (son of Alphaeus)
JUDAS (Iscariot)
THADDAEUS

MAJOR *Events* IN THE BIBLE

Because it is the "greatest story ever told," the Bible's narrative relates many major events. Here are some of the most important ones.

N	O	I	T	A	R	E	L	I	X	E	N	A	R	T
R	R	A	R	E	P	P	U	S	T	S	A	L	V	O
E	I	C	E	A	U	U	H	D	A	S	L	L	A	F
S	G	A	D	C	G	S	P	F	C	E	H	V	N	H
U	I	D	I	U	R	E	U	E	Q	S	N	O	D	R
R	N	F	J	N	W	E	N	R	U	O	I	Q	J	E
R	A	N	E	C	Z	S	A	B	I	X	V	J	P	U
E	L	O	X	A	I	Y	G	T	I	C	C	Z	W	G
C	S	M	M	O	Z	N	A	F	I	D	T	Q	K	A
T	I	R	N	L	I	T	I	A	Z	O	O	F	C	L
I	N	E	J	N	P	C	N	H	T	A	N	O	Z	P
O	A	S	R	M	U	B	A	P	T	I	S	M	L	Y
N	S	U	E	R	U	B	E	T	R	A	Y	A	L	F
Z	B	T	C	L	N	O	I	T	P	M	E	D	E	R

CREATION
FLOOD
PLAGUE
BAPTISM

RESURRECTION
ASCENSION
CRUCIFIXION
BETRAYAL

FALL
ORIGINAL SIN
REDEMPTION
SERMON

LAST SUPPER
BURNING BUSH
TEMPTATION
EXILE

WHO'S WHO IN THE *Bible*

The Bible is filled with interesting people and amazing stories. This word search contains the names of some people who are referenced in Scripture.

M S S B G I S A I D O R E H Y
B A X D I I I I A H A J I L E
S N T S H T Y B S G Q H F X J
U K A T R N R W T H F H Y J E
R J S T H A M K H L M J P H R
A J J S H E L H K A L A F P E
Z S G A U A W E C N I E E Q M
A N M A S I N N U A X D M L I
L S I I B H L I O N R M A P A
C I H P P R W E E M O D X B H
S L O E P A I S N L O E A I O
E S S D U I N E P R A L D H H
R O A U I U Z V L V O N O I S
J G P T I B E R I U S C C S G

GABRIEL
JEREMIAH
ISHMAEL
MATTHEW
OBADIAH
JOSEPH
TIBERIUS
SOLOMON
ABRAHAM
CORNELIUS
ELIJAH
GIDEON
HERODIAS
NATHANIEL
LAZARUS
SHADRACH

BIBLICAL *Professions*

The occupations of numerous people are mentioned in the Bible. Sometimes they are relevant to the story being told or the profession of the person is mentioned in passing. Here is a sample.

V	B	B	X	T	R	E	L	E	W	E	J	A	R	H
Q	A	O	W	L	A	N	R	E	V	A	R	G	N	E
S	R	A	H	Z	R	N	A	D	T	S	Z	U	Y	F
W	B	T	J	P	X	V	N	R	J	Y	H	H	I	G
O	E	B	N	L	E	U	J	E	X	Y	O	S	E	O
A	R	U	L	R	Z	L	E	O	R	J	H	D	J	G
N	Q	I	X	Q	U	J	Z	E	H	E	U	D	G	S
S	N	L	Z	H	V	G	T	R	R	B	K	O	O	C
I	G	D	V	T	R	N	E	M	J	U	Y	L	G	I
M	F	E	E	E	E	T	A	J	N	T	G	H	Z	R
W	W	R	T	P	N	N	K	O	O	L	U	T	U	E
Z	H	R	R	I	M	O	X	L	S	E	G	I	Y	K
S	O	A	A	G	H	O	M	X	A	R	F	M	K	A
P	C	P	T	A	I	L	O	R	M	X	Z	S	C	B

CARPENTER
FISHERMAN
TAILOR
WEAVER

BAKER
BUTLER
BOAT BUILDER
ENGRAVER

COOK
PORTER
TANNER
MASON

JEWELER
BARBER
PAINTER
SMITH

Moms AND *Dads* OF THE BIBLE

Exodus 20:12 tells us to "Honor your father and your mother, so that you may live long in the land the Lord your God is giving you." Parents are prominent in Bible stories, and this word search contains some of them.

M T J W J R M P M E P F R J N
Z A K A T S C X X F D P J O E
E X R K C B Z D N M J B A M U
B J G Y E O Q B X X Q H D T B
E S A N X I B Q H R I W A N N
D B A R Z T U A G A I S M C W
E Y Z U T K N U B U A B E R R
E O X E L N H E V I E Z E U W
O L D R A U H F R L Z X T S W
T B D H C S J A P R E H X E W
M V D A H H H H A E Z H W V E
Z O A T A C D G M B W O C E M
N S A E A H A K E B E R S A T
I B L Z U H X J V H Q Q R U R

ADAM
EVE
JACOB
LEAH
NOAH
REBEKAH
ZEBEDEE
HAGAR
ISAAC
HANNAH
ZACHARIAS
RUTH
MARY
BATHSHEBA
SAUL
RACHEL

FAMOUS *Children* OF THE BIBLE

The Book of Genesis recites the descendants of Adam and Eve, but there are extensive numbers of descendants of people from the Bible. Here are some of the more well-known children whose lineage is recorded in the Bible.

Y	I	J	O	S	E	P	H	K	Y	Y	X	Y	I	U
A	B	E	D	N	E	G	O	E	A	I	Q	I	T	A
C	X	U	N	V	B	N	T	C	P	B	S	D	B	M
S	P	K	Y	R	U	J	J	X	M	H	R	E	I	U
G	R	Q	M	F	P	S	P	G	M	H	L	R	Y	Y
M	H	A	U	A	H	H	G	A	C	X	I	I	A	P
A	O	C	H	A	G	M	E	A	L	A	N	I	A	C
F	D	W	I	E	S	L	R	H	M	E	L	Z	Z	R
C	A	S	Z	U	D	D	C	K	P	S	I	G	Z	I
I	O	V	U	D	A	A	U	O	O	S	E	N	S	P
J	E	T	I	H	H	A	V	T	J	I	U	S	A	V
Q	S	V	S	S	B	B	V	C	U	E	G	S	O	D
M	A	B	E	N	J	A	M	I	N	W	P	L	E	M
D	H	M	R	Q	B	I	I	S	A	A	C	R	C	J

CAIN
ABEL
ISHMAEL
ISAAC

MIRIAM
MOSES
JOSEPH
BENJAMIN

DAVID
JOSIAH
DANIEL
MESHACH

JESUS
RHODA
SHADRACH
ABEDNEGO

Animals IN THE BIBLE

Researchers at a British university discovered that Noah's Ark could easily house 70,000 animals if it was built according to the specs listed in the Bible, although the Bible does not list the animals that Noah brought on board. Here are some of the animals that are actually mentioned in the Bible.

L S K J S T X F T N E P R E S
E D P C C H K Z W Q U X O F C
O B O O W R E L G A E W O T D
P K H G P U W A I I Y L E T P
A F C I R H I F S N L W Q R B
R E G F R K P E P O L E T N A
D E Y E J A W B C U I N L J P
C S V E S Z V U U J G S K N W
N R K H E I S E P K K E C W O
D O V E V T O D N J E W L S L
L H D I L T W T X S E L A U F
F I S H O A Y U R H R M A H M
B L I O N O Q B U O A X A H E
Q X D Z H G X O H N T I K H W

HORSE
ANTELOPE
LEOPARD
DOG
LOCUST
MULE
WOLF
RAVEN
OX
WHALE
TORTOISE
DOVE
FOX
GOAT
FISH
LION
EAGLE
HAWK
SERPENT

BIBLICAL CLOTHING AND *Adornments*

The Bible does not provide us with comprehensive knowledge of what clothing and other adornments were worn by men and women in everyday life during biblical times. Nonetheless, we can glean details from some references, and these items can be found in this word search.

T	S	B	E	L	T	R	F	Z	U	C	I	N	U	T
E	A	R	R	I	N	G	S	K	Q	G	C	K	T	U
D	T	A	H	Z	A	E	S	H	E	L	K	C	U	B
S	A	C	K	C	L	O	T	H	D	V	R	C	S	T
X	A	G	T	M	A	K	L	T	A	E	Y	F	O	B
W	P	D	Z	A	D	E	I	W	S	I	T	L	R	Q
I	R	E	R	B	S	F	Q	R	F	L	X	A	H	Q
E	O	L	Z	L	B	S	I	S	E	W	C	E	G	C
M	N	T	F	B	E	T	E	H	L	E	E	B	O	R
U	Q	V	E	S	K	E	I	L	L	A	X	T	Y	L
F	B	J	R	F	A	L	V	E	S	S	D	Y	D	Z
R	C	U	Z	R	O	K	T	X	G	Q	G	N	I	R
E	P	G	Z	G	L	N	O	N	N	H	Z	E	A	M
P	P	R	V	N	C	A	V	P	V	K	X	S	M	S

SACKCLOTH
ROBE
SANDALS
PURSE

CLOAK
VEIL
BRACELET
TUNIC

BELT
TASSELS
BUCKLE
ANKLET

PERFUME
RING
EARRINGS
APRON

BIBLICAL *Archaeology*

Biblical archaeology is a term used to refer to investigations of physical remains from the historical past that can illuminate the periods described in the Bible. The words to be searched in this puzzle are either important archaeological discoveries related to the Bible or other significant excavations.

R L G D A B E H S R E E B S M
M O E N C J J I O G S D L O A
M F S L A C H I S H Y L A L Q
H E Z E K I A H D T O B K N J
G A D Q T V H D T R I H G E D
E E S E K T E S C T A W R J Q
E R Z M E M A S E Z N U R N G
L Z O E K F A S N M S O H I I
I N O R R E T E T A A R R M R
L N A Z S O H R L O V G G K U
A S Z D N C E E D V N J L Q E
G H A E L Q M E P L G E O I G
F E L F B E A I R A M A S J G
D K W M L M T L I T L D K U I

ROSETTA STONE
GILGAMESH
AL-KHAZNEH
GEZER
GALILEE

HEZEKIAH ('s Tunnel)
SAMARIA
JERUSALEM
BEERSHEBA
DEAD SEA SCROLLS

EKRON
TEL DAN (inscription)
MOABITE STONE
LACHISH

BIBLICAL *Rulers* AND COUNTRIES

While Egypt was ruled by the Pharaohs and Babylon by King Nebuchadnezzar, many kings and queens and the countries they ruled are mentioned in the Bible. Here are a few other names to consider.

W	X	B	Z	F	N	W	H	E	C	A	D	N	A	C
B	S	P	I	W	X	V	U	L	E	B	E	Z	E	J
J	A	W	E	T	A	N	X	M	J	R	F	F	H	Z
O	U	B	J	R	E	F	K	B	D	Q	C	V	E	T
S	L	I	Y	O	S	V	X	V	F	Q	Q	F	R	S
I	K	Q	D	L	H	I	C	P	J	X	H	Z	O	D
A	T	B	G	H	O	J	A	C	X	A	N	L	D	Z
H	F	X	O	L	B	N	K	N	O	M	O	L	O	S
N	Z	M	D	Q	C	X	M	J	R	H	A	D	U	J
A	P	N	T	B	S	T	T	R	D	Z	B	D	Y	K
A	K	I	G	U	O	P	J	A	I	R	Y	S	S	A
N	K	J	R	Z	Y	R	B	I	W	A	Y	Q	R	K
A	C	Y	O	G	F	N	E	D	G	A	C	M	K	Y
C	C	E	E	R	E	S	E	N	A	M	L	A	H	S

NERO
BABYLON
CYRUS
OG

CANDACE
ASSYRIA
HEROD
JUDAH (Judea)

SAUL
PERSIA
JEZEBEL
SOLOMON

JOSIAH
EGYPT
SHALMANESER
CANAAN

Old Testament BOOKS OF THE BIBLE

Beginning with Genesis, which relates stories of Creation, the Great Flood and the patriarchs, and ending with Malachi, which includes the prophecy of the coming of Jesus, the King James Version of *The Holy Bible* contains 39 books in the Old Testament. Here are some of them.

J P L O Y B O W E V D R H X E
L R R B P S W Z X K E M P C M
O A U O P W Z H O X U A C I X
B D M T V X E R D V T L L B F
A S C E H E N I U F E F J A J
D E D P N O R J S S R S R O S
I L G T P T N B I F O P B D U
A C H K X O A A S S N S X B C
H I A S S G S T R A O A T T I
A N N O G T C E I T M L Y I T
I O O X E N B K B O Y M A A I
A R J S X M I R I Z N S I W V
S H H H U J A K F Q C S H O E
I C J N N Z E C H A R I A H L

EXODUS
LEVITICUS
NUMBERS
DEUTERONOMY
RUTH
KINGS
CHRONICLES
JOB
PSALMS
PROVERBS
ECCLESIASTES
ISAIAH
LAMENTATIONS
OBADIAH
JONAH
ZECHARIAH

New Testament BOOKS OF THE BIBLE

Beginning with Matthew, which relates the genealogy of Jesus, his birth, life, Crucifixion and Resurrection, and ending with Revelation, which is a prophetic consideration of things to come, there are 27 books in the New Testament. Here are names of some others.

T	H	E	S	S	A	L	O	N	I	A	N	S	R	U
J	A	M	E	S	Q	C	T	I	M	O	T	H	Y	P
V	T	Q	G	S	A	X	C	C	B	M	S	J	E	G
L	I	I	W	B	N	B	O	D	O	J	T	T	C	P
E	X	B	T	J	M	A	C	C	W	T	E	Q	C	T
N	P	B	L	U	S	J	I	T	O	R	Y	P	Q	A
U	L	H	I	B	S	N	E	H	X	O	N	H	O	J
M	S	X	E	D	T	D	A	K	T	W	F	K	T	C
Q	W	V	H	S	P	H	T	I	U	N	O	U	D	T
A	E	N	Y	N	I	Y	F	L	T	L	I	E	D	J
K	R	Y	W	A	U	A	A	O	I	A	L	R	U	T
R	B	N	T	M	E	Q	N	X	N	V	L	D	O	G
A	E	S	I	O	G	D	I	S	A	D	E	A	U	C
M	H	J	U	R	U	U	Y	U	F	W	D	X	G	O

MARK
LUKE
JOHN
ACTS

ROMANS
CORINTHIANS
GALATIANS
EPHESIANS

THESSALONIANS
TIMOTHY
TITUS
HEBREWS

JAMES
PETER
JUDE

Cities OF THE BIBLE

Although Jerusalem is known as the "Holy City," the first mention of a city in the Bible is that of Sodom, while Damascus is one of the oldest existing cities in the world. There are well over 200 cities mentioned in the Bible—can you find those listed in this word search?

N B A A O Z M E H E L H T E B
A A N T I O C H W S U S R A T
Z T X S Q N F B I E I W Y X M
A A L Y X P R H M I A N C O J
R R E D C B E O A F A T U E M
E A B Y N V R N S H N N R G A
T R B C E B I V T O T I J T C
H A G N Q S F E I C C W H Q F
I T I B T H B Z A H P E Y V G
W N J N Z E T R O G N U P W L
E U U X I N M Z T S G A C Y F
I O V K U E A F C W W Q N Q C
M M R O L N O L Y B A B P A K
M Q M J M V C I H T N I R O C

MOUNT ZION
ATHENS
BETHLEHEM
MOUNT ARARAT
NAZARETH
BETHANY
ROME
TARSUS
BABYLON
MOUNT SINAI
ANTIOCH
CORINTH
JERICHO
NINEVEH
CANA
MOUNT CARMEL

MONEY, WEIGHTS AND OTHER *Measurements*

Interesting aspects of early civilizations are the terms used to describe various measurements. From "denarius," which was about one penny and equal to a day's wage, to "shekel," which described a unit of weight equal to about one-half ounce, Bible terminology is fascinating. Here are some other terms.

E	L	U	K	A	S	Y	S	F	F	W	E	C	A	P
D	F	Q	D	Q	O	X	T	I	B	U	C	Q	V	L
Z	I	O	S	A	Q	T	H	H	B	D	U	M	O	R
H	R	K	G	H	Y	L	P	E	J	A	J	V	E	X
I	K	H	O	X	T	S	Q	G	D	Y	X	E	N	H
N	I	M	C	L	U	D	J	R	P	P	D	A	O	O
T	N	I	A	I	N	X	A	O	F	B	P	M	L	G
O	O	X	B	Q	D	N	Z	E	U	S	E	R	K	J
B	H	P	S	W	S	G	L	P	R	R	V	G	X	C
V	M	U	K	G	G	D	F	E	Y	B	N	E	N	I
D	R	A	C	H	M	E	G	E	N	E	D	E	E	R
M	A	N	E	H	G	N	L	A	H	R	M	N	Y	A
P	F	S	U	I	I	B	P	Z	A	W	P	L	A	D
M	Z	S	U	F	D	S	N	A	S	E	A	H	R	H

QUADRANS
SPAN
DRACHME
FIRKIN
HANDBREADTH
DARIC
MANEH
CUBIT
REED
DAY'S JOURNEY
SEAH
HIN
PACE
HOMER
FINGER SPAN
CAB

Villains OF THE BIBLE

Facing off against our Christian superheroes, there is no shortage of villains, ne'er-do-wells and traitorous schemers featured in stories from the Bible. The exploits of our heroes opposing these scoundrels and sinners help to teach us how to stay on the right path and steer clear of making bad choices.

N E A T H A L I A H Z Z A R B
Q Z H O W W G W Z A H A V A X
D G L S C X G G D O E G R W C
Z E T O A S X H H V B A M A V
A S L Y V P R V Q T B B I I T
W N Z I Y W I A M B A A A C I
H R J L L B V T A E P I V H O
E W Z E T A U S N H M Y L O A
S B C E Z N H P A A V O J O C
S N U G I E K S D H D U L G G
A A I B Y T B C U L F O P A K
N M A A B I M E L E C H R Q S
A A B U C H A D L N Y U S E H
M H S A T A N S U B V D C Z H

SATAN
DELILAH
DOEG
GOLIATH
ATHALIAH
BARABBAS
SALOME
HAMAN
CAIAPHAS
JEZEBEL
HEROD ANTIPAS
AHAZ
MANASSEH
ABIMELECH
AHAB

RIVERS AND *Waterways* IN THE BIBLE

Although the Nile, the Tigris (Hiddekel) and the Euphrates rivers played critical roles in the biblical world, there were many other waterways that also helped to shape the territories and boundaries of early Christian civilizations. See if you can find all of the listed waterways in this word search.

C	H	E	B	A	R	L	G	U	N	O	H	S	I	K
V	J	L	Z	E	S	E	S	P	G	N	O	N	R	A
D	E	N	A	E	N	A	R	R	E	T	I	D	E	M
D	H	A	L	Y	S	W	J	M	A	T	S	A	P	P
G	H	Z	E	P	I	S	O	N	J	Z	L	D	C	H
I	H	Q	G	A	C	W	M	Z	D	A	Q	K	F	A
H	D	R	N	N	S	L	F	K	I	D	K	A	T	R
O	B	A	Z	N	Q	D	A	N	T	F	I	N	D	P
N	B	R	W	I	R	I	N	N	S	A	W	A	A	A
A	X	O	F	X	N	E	F	I	R	A	E	H	Q	R
D	D	R	C	D	L	E	R	O	T	E	V	I	A	B
R	Y	A	A	L	L	G	E	D	W	E	T	A	F	Q
O	D	Z	I	I	I	O	M	Z	G	A	A	E	H	V
J	B	M	N	T	C	V	I	A	L	M	K	L	R	A

JORDAN
PISON
GIHON
TIGRIS

NILE
ARNON
KANAH
ETERNAL

AHAVA
HALYS
KISHON
MILLENNIAL

ABANA
CHEBAR
PHARPAR
MEDITERRANEAN

Foods FROM THE BIBLE

The foods that are mentioned in the Bible comprise—or at least what we consider today to be—part of a typical Mediterranean diet. It is a diet widely thought to be one of the most healthy and sensible eating plans, because it features fresh and good-for-you foods.

U N U T S P N J B R E T A O G
L U L D W Q R B Y P Q A E L A
P E D S E T A N A R G E M O P
U W N Z W Q H L H R K V D N W
R U R T A C O R N B L S Y G S
K K Z G I Q H A T M Y E G W S
Y M B C Q L G C M J L V Y I W
H C Q S N S S M T J K H T X F
S R H I D D W J W S Y M K G D
I Y O E U N S R E B M U C U C
F L E Z E D O V T Z V B F I V
J D R N Z S I M Q E R B M I U
Y K Y X O L E K L P V U Z A W
E G G S O H T Q C A K L I M L

HONEY
ALMONDS
OLIVES
FISH
POMEGRANATES
CORN
FIGS
MILK
CHEESE
LAMB
EGGS
GOAT
NUTS
BARLEY
LENTILS
CUCUMBERS

Musical INSTRUMENTS IN THE BIBLE

Although there are some we may not be familiar with today, musical instruments abound in the Bible. From a "sackbut," which was a harp-like instrument that could be attached to a musician's waist so he could walk as he played, to the "dulcimer," a stringed instrument, these no doubt created heavenly sounds.

D	R	U	M	H	L	B	F	E	H	G	A	H	M	M
J	U	P	L	B	Y	B	E	T	E	P	M	U	R	T
C	E	L	T	U	R	S	T	E	N	A	T	S	A	C
P	W	C	C	I	E	L	G	B	J	K	S	S	B	S
T	F	O	C	I	T	I	M	B	R	E	L	Z	V	C
G	Q	R	P	P	M	D	D	S	W	Z	O	L	E	B
Y	P	N	P	S	N	E	N	J	Q	U	H	J	E	S
R	R	E	A	E	Y	H	R	H	Z	T	S	L	L	U
E	R	T	M	G	E	D	C	N	U	U	L	Z	I	E
T	E	N	Q	P	R	A	H	B	R	S	A	T	S	T
L	H	A	X	W	A	E	K	Q	Y	O	B	M	Q	U
A	T	G	M	Z	H	C	R	L	G	J	M	Y	A	L
S	I	R	E	T	A	H	C	Y	N	U	Y	B	R	F
P	Z	O	W	S	Z	R	C	L	E	V	C	D	X	W

CYMBALS
DRUM
HARP
TRUMPET

CASTANETS
FLUTE
DULCIMER
LYRE

ZITHER
CORNET
SACKBUT
PSALTERY

ORGAN
BELLS
TIMBREL (tabret)

PLANTS AND *Trees* OF THE BIBLE

The language of the Bible is vivid and rich with fascinating descriptions of everyday people and the landscape they lived in. Although agriculture was an important occupation during biblical times, decorative plants and trees were also a significant part of the backdrop of biblical life.

Z M V A Q D Q S X S N R O H T
L I L I E S M E J B I U L E W
M A R I G O L D O Q Z O N F O
U H G X T P R F V E U E S O R
M W C E H B T E K A R D N A M
Z P R D I B B C D W O L L I W
G O A G S Y B D G N N E O L E
S P D T T J R E O G A B O E N
S O E J L O T R A O I I F L B
E S C S E N Q L E L W B R E A
R S Y L X J T D T B G M T O Y
P Y X H N N Y E T M L E R W C
Y H C H I R Y E O S G U F O D
C J T M A Y F R I U J F M G W

LILIES
THISTLE
REED
ALOE
CEDAR
ROSE
CORIANDER
MANDRAKE
WORMWOOD
MULBERRY
HYSSOP
MARIGOLD
THORNS
CYPRESS
MINT
WILLOW

PEOPLE WHO MET THEIR *Demise* IN THE BIBLE

Like any great story, there are many dramatic moments in the Bible, including deaths that were not from natural causes. From Sisera, who had a long spike driven through his brain, to Uzzah, who died when he tried to touch the Ark of the Covenant, see if you can find all of these whose deaths were recorded.

J	O	H	N	T	H	E	B	A	P	T	I	S	T	H
S	U	Y	A	L	S	P	Y	E	N	T	L	E	B	A
A	A	D	I	V	O	I	G	R	N	O	S	M	A	S
U	U	B	A	W	C	T	S	V	G	S	U	S	E	J
M	X	G	S	S	I	J	A	E	E	O	J	Z	H	W
E	V	O	N	A	I	S	H	S	R	U	U	C	L	V
L	A	F	X	A	L	S	K	M	W	A	H	C	E	U
A	B	R	R	V	C	O	C	H	E	I	R	D	B	M
M	X	B	I	G	H	H	M	A	T	W	F	M	E	G
R	Z	Q	K	H	H	T	A	W	R	A	B	E	Z	Q
S	A	U	L	A	P	A	O	N	V	I	I	X	E	L
J	S	W	Z	Z	Y	P	F	B	I	L	O	L	J	W
H	H	Z	Y	P	Z	S	A	R	A	E	Z	T	O	Y
T	U	L	U	Z	A	M	A	S	A	N	S	P	Y	G

JEZEBEL
UZZAH
SAMSON
ABSALOM
ACHAN

SISERA
SAUL
AMASA
NABOTH
ABEL

JOHN THE BAPTIST
GOLIATH
JESUS
SAPPHIRA
JUDAS ISCARIOT

SECTION 2

EVERLASTING *Love*

THE BIBLE IS FILLED with love: the importance of love, God's love for believers, believers' love of God, love for each other—in fact, everything we do must begin with love. In the first letter of John, he criticizes those who claim to love God while neglecting their fellow beings. This, he asserts, is an impossibility because God Himself is love, and the love individuals show to their neighbors is evidence of God's presence within them. "Let us not love in word, neither in tongue; but in deed and in truth" (1 John 3:18).

The word searches in this section shed light on love and Christian relationships within the family and in society. Much has been written in the Bible about love and mutual respect, and certainly the ultimate definition of love can be found in 1 Corinthians 13:4–8, illustrated on the next page as the "10 Characteristics of Love."

"My command is this: Love each other as I have loved you."

—John 15:12

Amen to That!

When our minister and his wife visited our neighbor, her four-year-old daughter answered the door. "Mom!" she yelled toward the living room. "God's here, and He brought his girlfriend."

10 CHARACTERISTICS OF LOVE

Love is **PATIENT**.

Love is **KIND**.

Love **DOES NOT ENVY**.

Love **DOES NOT BOAST**.

Love **PROTECTS** and **DOES NOT DISHONOR** others.

Love is **NOT SELF-SEEKING**.

Love is **NOT EASILY ANGERED** and **KEEPS NO RECORDS OF WRONGS**.

Love **DOES NOT DELIGHT IN EVIL** but **REJOICES** with **THE TRUTH**.

Love **BEARS** all things, **BELIEVES** all things, **HOPES** all things, **ENDURES** all things.

Love **NEVER ENDS**.

?&A

Q *What were the most important commands of Jesus?*

A *To love God supremely and to love others unselfishly. It is essential advice to remember that Jesus' crucial message is one of genuine love and that we should always use his instruction as motivation and guidance.*

BIBLE LOVE FACTS

- ***Famous Bible Couples**: Adam and Eve were the first couple, while Joseph and Mary were the legal father and actual mother of Jesus; Amran and Jochebed were the parents of Moses, while Zacharias and Elizabeth were the parents of John the Baptist.*
- ***The word "love"** is mentioned 310 times in the Bible—131 mentions in the Old Testament and 179 in the New.*
- ***Love Defined**: 1 Corinthians 13 covers the subject of love in defining verses. These passages use the word "agape." It is a Greek term (ἀγάπη) that interprets it as "the highest form of love, charity" and "the love of God for man and of man for God."*
- ***Kinds of Kisses**: A kiss could be a gesture of love, friendship or worship in the Bible. To signal respect, a person might kiss a leader's hands and feet. Early Christians greeted each other with a "holy kiss" that signified the love filling the entire community.*

THE DOS AND DON'TS OF *Love*

1 Corinthians 13:4–7 are most beloved and frequently quoted Bible verses on the subject of love. In these passages, the Apostle Paul is enlightening worshipers about what love is and what it should not be. Look for the words found in this reading, popular at wedding ceremonies.

Q	K	I	N	D	S	P	P	R	O	U	D	B	G	E
G	K	B	E	P	A	T	I	E	N	T	W	N	A	U
V	N	S	V	E	J	G	M	W	J	P	I	S	N	P
Y	L	D	E	N	V	Y	U	U	G	K	I	Q	R	E
T	S	R	R	O	Z	G	D	V	E	L	G	O	V	V
R	E	O	F	F	G	I	M	E	Y	E	T	I	U	I
U	R	C	A	G	Z	G	S	A	G	E	L	C	X	E
T	E	E	I	A	G	F	N	S	C	S	E	D	U	R
H	V	R	L	R	L	G	E	T	B	M	E	U	Y	W
C	E	O	S	E	E	R	S	N	M	T	P	P	W	R
G	S	N	S	R	V	P	N	N	S	P	S	E	O	I
V	R	U	E	Z	B	O	Q	A	O	Q	R	U	X	H
C	E	D	C	U	B	Y	O	O	W	A	H	W	R	W
D	P	N	G	G	I	B	Q	C	B	R	D	G	P	T

PATIENT
KIND
ENVY
BOAST

PROUD
RUDE
SELF-SEEKING
EASILY ANGERED

NO RECORDS
EVIL
TRUTH
PROTECTS

TRUST
HOPES
PERSEVERES
NEVER FAILS

God IS LOVE

1 John 4:7–21 are important Bible verses about love that inform: "Beloved, let us love one another, for love is from God, and whoever loves has been born of God and knows God. Anyone who does not love does not know God, because God is love." Here are some other words from this reading.

L	Q	T	I	R	I	P	S	D	E	V	O	L	E	B
M	A	N	I	F	E	S	T	Y	Y	G	M	K	C	G
V	P	R	O	P	I	T	I	A	T	I	O	N	U	S
S	C	O	M	M	A	N	D	M	E	N	T	S	A	P
L	I	C	G	X	M	V	N	S	M	S	F	V	T	P
A	C	O	N	F	I	D	E	N	C	E	I	H	G	B
B	S	J	S	E	R	M	E	T	I	O	E	N	E	M
I	W	D	F	N	O	N	N	T	R	Q	V	L	S	R
D	Q	C	L	G	P	E	X	D	C	D	I	P	M	E
E	C	R	B	G	M	S	E	S	S	E	F	N	O	C
S	W	I	N	G	D	E	Q	U	V	Q	F	K	E	G
Z	C	O	D	U	D	O	P	E	U	H	S	R	Y	L
V	M	U	O	N	E	A	N	O	T	H	E	R	E	M
A	J	B	R	O	T	H	E	R	W	Z	H	G	I	P

MANIFEST
PERFECTED
SPIRIT
ABIDES

BELIEVE
CONFIDENCE
COMMANDMENT
AMONG

BELOVED
CONFESSES
SINS
SAVIOR

BROTHER
PROPITIATION
ONE ANOTHER
JUDGMENT

Symbols OF THE CHRISTIAN FAITH

Christianity has used many symbols over the centuries to express faith and love of God, and has a deep appreciation of their power and impact. Here are some meaningful objects and distinguishing signs that are used frequently.

P V K R I U P W S E L C R I C
A O M E G A X P V D O K W M C
L T S N A Z D T P B M L E R F
M J T E H B L O K X I E E R T
B S A O N O G N X L D R O W S
R J R J T O W F Y S A H P L A
A S L E G N A Z E F K B Z B D
N L W Y H B E L J B X W V O Y
C E O V N E G E M F H C V F Y
H F E Y L N N A A E Q E F T J
E G T D A V L W D O L A P T E
S X N I U H K I O E S S O R C
W A R Q H D S V H R E N X M T
C T R A I N B O W N C Y S L T

CROSS
ALPHA
OMEGA
CANDLE
CIRCLES
TRIANGLES
LILY
CROWN
DOVE
SWORD
ANGELS
TREE
PALM BRANCHES
LAMB
RAINBOW
STAR

Words OF LOVE TO LIVE BY

1 Peter 4:8 instructs us that "Most important of all, continue to show deep love for each other, for love covers a multitude of sins." Everyone today should take this excellent advice to heart and instead of judging others, share God's message of love. Here are words we might use in a conversation about love.

Q	Y	N	E	H	A	P	P	I	N	E	S	S	P	K
C	E	N	C	O	U	R	A	G	E	K	H	F	I	R
H	O	N	E	S	T	Y	A	W	J	F	H	N	F	W
I	D	H	X	W	K	I	M	O	T	I	D	M	I	M
C	U	P	K	L	O	A	Y	F	O	N	W	T	P	G
I	A	P	R	A	Y	F	O	P	E	H	N	I	R	E
T	E	D	O	M	U	R	X	S	T	E	H	A	L	I
N	V	Y	B	L	G	F	S	R	M	S	T	P	N	F
E	K	B	B	I	M	J	O	T	D	I	D	S	O	R
H	W	N	V	E	N	W	I	N	T	T	P	J	Y	O
T	Z	E	R	V	F	M	E	U	G	I	R	D	M	N
U	H	A	H	L	M	I	D	I	R	H	X	A	X	O
A	H	V	E	O	R	E	A	E	U	P	M	I	E	H
S	L	S	C	F	S	C	Q	E	D	N	K	L	Z	H

SHARE
FORGIVE
ENCOURAGE
PRAY

AUTHENTIC
JOYFUL
INSPIRE
HEART

HONOR
SELF-WORTH
HAPPINESS
HONESTY

COMMITMENT
GRATITUDE
FRIENDSHIP
KINDNESS

LOVE OF *Prayer*

Psalm 23, a Psalm of David, is often called "The Lord Is My Shepherd." God's words help to shine a light on every aspect of our daily lives and give direction for all that we do. See if you can find some of the words from this powerful message from God in this word search.

C O M F O R T S E R U T S A P
R S A L R F T S E R A P E R P
E Q H V E Y H D A V U P L R F
S L A A C A K T Y L Z F E A G
T T Y R D T D L A M M S D N D
O M E R Z O P E Q E E C Y O X
R M T Y O U W T T N D K Y I V
E Z O F Q P F F C H U A I N A
T D T L M W V E R Y X F M T L
H P M S H E P H E R D P K E L
U M H J T X N O D L J R Z S E
R I G H T E O U S N E S S T Y
R G O O D N E S S H S H T A P
Q T P B Y W Y N H T E N N U R

SHEPHERD
PASTURES
LEADETH
RESTORETH
PATHS
RIGHTEOUSNESS
VALLEY
SHADOW
DEATH
COMFORT
PREPAREST
PRESENCE
ANOINTEST
RUNNETH
GOODNESS
MERCY

GOD SO LOVED THE *World*...

The words from John 3:16 are some of the most widely quoted from the New Testament and the verse is sometimes referred to as the "Gospel in a nutshell" because it succinctly reflects the central theme of Christianity. Here, please find many of the words from this verse.

W	C	B	L	Z	J	H	T	E	V	E	I	L	E	B
W	H	T	E	N	J	P	V	Q	J	H	M	D	Q	C
I	E	O	P	G	E	X	O	L	W	O	I	L	G	L
T	E	X	S	R	O	E	F	I	L	B	E	M	L	R
R	C	Z	I	O	Y	T	Q	L	H	B	E	D	V	N
M	C	S	K	O	E	A	T	Q	U	D	J	N	O	S
G	H	F	Z	G	E	V	M	E	Z	H	E	B	H	P
O	N	Z	M	F	B	M	E	E	N	V	J	V	P	U
D	A	E	U	K	E	H	U	R	J	D	B	B	O	O
E	V	E	R	L	A	S	T	I	N	G	L	A	D	L
H	H	H	H	F	Z	M	K	Y	A	Q	E	R	Q	I
T	B	R	N	O	G	P	T	L	J	S	V	K	O	P
O	B	O	L	H	B	S	E	N	T	G	A	V	E	W
N	S	I	P	D	J	S	H	O	H	V	H	A	L	L

GOD
SO
LOVED
WORLD

GAVE
ONLY
BEGOTTEN
SON

WHOSOEVER
BELIEVETH
HIM
NOT

PERISH
HAVE
EVERLASTING
LIFE

Married LOVE

Colossians 3:14 urges us to love: "And over all these virtues put on love, which binds them all together in perfect unity." Here are some thoughtful words we might use to describe married love.

S C O N S T A N T E R U D N E
R T P F T N E M R E W O P M E
E G R A P M N D H S I R E H C
S Z S E R G Y A T O A V M L R
P L X I N T I M A C Y Q H Y R
E V O Q B G N Y T I L E D I F
C U X Y C I T E H T A P M Y S
T N E L A T T H R P N T H B D
T W B C Z L K C I S V R O T H
P S H U T S T Z E X H R R B T
T O O A W B K Y L T A I L I W
C E R T I T U D E M O M P J O
C H A N G E D O F A U R L E R
J W E C I F I R C A S L P N G

CHERISH
PROTECT
CERTITUDE
CHANGE
ENDURE
FIDELITY
INTIMACY
CONSTANT
GROWTH
LOYALTY
RESPECT
STRENGTH
PARTNERSHIP
SACRIFICE
SYMPATHETIC
EMPOWERMENT

Parental LOVE

Proverbs 22:6 tells us to "Train up a child in the way he should go: and when he is old he will not depart from it." There are many aspects of supportive parenting and child development, here are some to consider.

R	R	L	A	N	O	I	T	I	D	N	O	C	N	U
V	N	J	Z	D	E	V	I	T	R	O	P	P	U	S
S	Q	C	O	N	N	E	C	T	E	D	S	E	A	K
S	H	E	L	T	E	R	I	N	G	Q	C	D	Y	A
Y	Z	E	M	T	E	A	C	H	H	O	J	T	L	A
E	T	N	C	G	X	K	O	A	M	J	N	L	F	C
C	E	I	Y	U	I	P	N	F	V	E	E	F	M	F
N	R	L	W	I	P	A	O	O	L	G	E	L	S	W
E	U	P	S	D	R	R	Z	O	I	C	T	Z	L	A
I	T	I	L	A	T	L	V	A	T	T	M	E	Q	R
D	R	C	U	N	V	E	N	I	Y	K	O	P	F	M
E	U	S	Z	C	N	C	O	U	C	W	H	V	G	T
B	N	I	J	E	E	N	Z	R	G	U	U	Q	E	H
O	R	D	B	A	Z	A	D	V	O	C	A	C	Y	D

UNCONDITIONAL
ALLEGIANCE
TEACH
NURTURE
BENEVOLENT
OBEDIENCE
COMFORT
ADVOCACY
WARMTH
AFFECTION
DISCIPLINE
DEVOTION
SUPPORTIVE
SHELTERING
GUIDANCE
CONNECTED

THE *Fruits* OF LOVE

In the Epistle to the Galatians, we are reminded that there are nine attributes we should strive to achieve to be in accord with the Holy Spirit, including love, joy, peace, patience and kindness. What other traits might please the Lord?

A U N D E R S T A N D I N G D
I K G J O G O L T H G I R P U
M O K N T S N C O U R A G E H
P A G G I E S S U O I C A R G
A R Y E O R M E S E S A E L P
R A L Y N O E P N M O D S I W
T M H L S T D F E K Z P N J E
I V N C F X L N F R E P D J C
A U H R E W H E E U A E F C M
L X N K S E G C N S S N M S E
H U S O X J U S T E S G C A M
N U N A F R A I D V S R N E T
V Z S S E N S U O I C S N O C
L O V I N G K I N D N E S S L

WISDOM
MEEKNESS
GRACIOUS
JUST
GOODNESS
TEMPERANCE
COURAGE
PLEASES
UNAFRAID
GENTLENESS
UPRIGHT
IMPARTIAL
CONSCIOUSNESS
UNDERSTANDING
LONG-SUFFERING
LOVINGKINDNESS

Spiritual LOVE

Today, the term "spiritual love" is sometimes used in ways other than the traditional manner it was originally intended for; however, it is still a term that expresses Christianity's convictions. Here are some terms worth pondering.

U	D	X	E	V	F	M	P	A	T	H	D	X	N	C
R	E	V	E	R	E	N	C	E	K	U	X	O	O	G
E	S	S	E	N	C	E	H	H	V	U	I	N	R	C
E	D	I	S	C	O	V	E	R	Y	T	T	A	A	O
S	N	S	T	B	P	V	X	S	A	E	C	N	B	M
O	J	V	O	I	Y	Z	S	M	M	E	J	S	H	X
P	A	S	S	I	O	N	R	P	L	N	E	C	Y	F
R	P	F	S	O	Q	O	L	N	O	R	J	T	J	F
U	J	O	C	K	F	A	J	I	V	L	E	G	Z	E
P	Q	F	I	S	T	Y	T	A	E	I	K	G	H	J
F	X	P	N	I	D	O	N	V	P	O	B	P	K	W
J	X	A	O	M	V	C	W	Y	E	N	R	U	O	J
C	R	N	R	E	E	O	L	A	C	I	T	S	Y	M
T	C	K	D	O	A	R	P	E	A	C	E	G	Q	R

PEACE
PURPOSE
DISCOVERY
JOURNEY

MYSTICAL
ESSENCE
PATH
PASSION

DEVOTION
PIETY
REVERENCE
GRACE

TRANSFORMATION
CONTEMPLATION
OBSERVANCE

LOVE OF *Music*

There are many genres within Christian music, generally considered to be an expression of praise for God. It is most often the lyrics that make music Christian, although many instrumental pieces were written exclusively to glorify the Lord. Here are words associated with music that inspires Christians.

Q	Q	P	C	K	W	B	S	L	E	S	I	A	R	P
W	W	W	H	S	T	A	E	S	B	T	Y	O	G	Z
O	X	U	O	M	H	A	J	U	L	E	L	L	A	H
R	X	P	R	H	Q	M	O	P	A	I	N	D	O	O
S	M	H	A	Q	P	E	G	N	O	S	N	E	V	E
H	Y	G	L	O	S	X	M	O	V	R	E	Q	C	H
I	N	S	T	R	U	M	E	N	T	A	L	H	M	C
P	V	Y	P	F	C	S	I	S	K	N	O	M	H	U
D	A	L	Q	K	X	H	Z	X	T	I	E	A	C	Y
E	T	L	E	U	M	R	V	T	R	D	N	M	V	Z
R	A	O	M	P	X	H	K	Z	H	T	L	N	A	J
C	N	R	I	M	S	Z	Y	S	L	A	M	N	K	L
A	O	A	U	O	K	O	O	P	S	Y	V	L	L	Q
S	S	C	V	I	T	E	G	P	H	O	J	Z	D	N

SONATA
WORSHIP
INSTRUMENTAL
LAMENT
HYMN
CHANT
PSALM
CAROL
HALLELUJAH
GOSPEL
EVENSONG
CHORAL
PRAISE
CHOIR
SACRED

LOVE OF *Learning*

Most people maintain a love of learning throughout their lives, not just while at school. They are motivated to acquire new knowledge and skills while maintaining a curiosity to engage with new perspectives that might enrich their lives. Here are words to consider when thinking about a love of learning.

J	Q	Y	O	L	E	A	R	N	I	N	G	K	P	S
O	P	P	O	R	T	U	N	I	T	Y	T	P	P	G
A	C	T	I	V	I	T	Y	U	I	J	Z	Y	H	B
W	N	U	H	K	Z	H	T	A	M	O	L	I	H	P
S	O	T	L	A	P	E	G	N	E	L	L	A	H	C
T	I	A	T	T	A	I	N	M	E	N	T	S	E	Y
U	T	D	T	G	I	O	Z	T	N	E	D	U	T	S
D	A	J	E	W	T	V	K	A	F	L	X	Y	E	I
Y	R	R	N	O	I	T	A	R	A	L	I	H	X	E
H	O	I	N	X	N	O	I	T	A	V	I	T	O	M
S	L	N	O	Q	E	U	J	E	E	U	X	W	X	V
G	P	S	C	H	O	L	A	R	S	H	I	P	T	F
L	X	V	K	I	L	E	G	D	E	L	W	O	N	K
E	E	X	C	I	T	E	M	E	N	T	K	W	T	H

EXHILARATION
SCHOLARSHIP
STUDY
ATTAINMENTS

KNOWLEDGE
STUDENT
EXPLORATION
CHALLENGE

ACTIVITY
CULTIVATE
OPPORTUNITY
EXCITEMENT

LEARNING
MOTIVATION
PHILOMATH
EAGER

LOVE AND *Empathy*

There is nothing as difficult as experiencing the loss of a loved one or trying to support those who are grieving. There are words we use to describe sad feelings or an attempt to connect with others in times of great sadness. Here are some of the words that come to mind for these situations.

C O M M I S E R A T I O N M C
I V H M A S A D N E S S O O C
D C G E T N Y P A R N I M N O
Z Z C X A R C K S Y E P C M M
F Z H J E R Q B K O R F Y O P
J A W S F F T H A E R L F I A
E G I E E C W B H T O R Z U S
T M I I E J Z E R H B J O O S
R N R L U P N Z C E N N U W I
O G S C E S I N B Q A L I K O
P R M U I P A N J A M K B A N
P N P O M L S E G H D Z M Q P
A S N A E Y H T A P M Y S P Y
R B L M S E C N E L O D N O C

SUFFER
WEEPING
COMPASSION
GRIEF
SORROW
SADNESS
SYMPATHY
HEARTBREAK
PAIN
MISERY
SOUL
RAPPORT
COMMISERATION
MELANCHOLY
COMPREHENSION
CONDOLENCES

LOVE OF *Flowers*

Song of Solomon 2:12 reminds us that "Flowers appear on the earth; the season of singing has come, the cooing of doves is heard in our land." We have so much to be thankful for in God's beautiful garden. Can you pick out the flowers in this word search?

P	C	D	U	C	B	L	R	E	D	N	E	V	A	L
E	H	M	G	G	U	A	Y	C	J	O	V	Z	X	D
O	R	S	J	B	E	J	A	I	L	O	N	G	A	M
N	Y	T	R	E	W	O	L	F	N	U	S	I	M	N
Y	S	M	U	B	I	I	K	O	J	Q	S	X	M	H
P	A	X	N	L	Q	I	M	X	Q	Y	U	O	Y	H
L	N	J	O	B	I	R	T	A	Y	P	Q	A	K	I
I	T	R	I	C	J	P	I	J	B	K	C	O	A	L
D	H	B	T	E	Q	N	M	J	E	I	D	E	I	O
O	E	V	A	E	E	Q	Z	I	N	N	I	A	S	I
F	M	O	N	D	S	I	D	T	G	M	H	O	E	D
F	U	L	R	P	J	O	H	Y	J	C	C	P	E	A
A	M	A	A	N	B	R	R	U	W	N	R	S	R	L
D	G	N	C	F	T	C	O	R	Z	T	O	I	F	G

ROSE
LAVENDER
MAGNOLIA
HYACINTH

FREESIA
PEONY
GLADIOLI
TULIP

ZINNIA
ORCHID
DAFFODIL
GARDENIA

DAISY
SUNFLOWER
CARNATION
CHRYSANTHEMUM

LOVE AND *Kisses*

There are different kinds of kisses described in the Bible other than those of love. From the kiss of murder, given by Joab to Amasa (while he was being killed), to the kiss of politics, given by Absalom to the citizens of Israel, here is a list of some of the other types of kisses that can be found.

Z	R	E	S	T	O	R	A	T	I	O	N	C	T	B
S	X	W	E	L	C	O	M	E	S	H	O	M	E	N
S	L	L	E	W	E	R	A	F	F	R	U	T	V	Y
E	W	W	X	Z	R	L	E	X	O	R	R	X	I	J
N	O	K	H	C	S	G	A	N	D	A	M	X	E	P
S	R	N	X	J	G	J	A	E	Y	X	Y	G	C	I
U	R	G	P	A	R	T	R	A	X	B	W	Q	N	H
O	O	V	B	D	I	R	L	N	C	G	B	M	A	S
E	S	P	A	O	D	E	C	E	I	T	W	T	T	D
T	R	I	N	T	R	O	D	U	C	T	I	O	N	N
H	K	S	A	L	V	A	T	I	O	N	T	J	E	E
G	O	R	E	T	U	R	N	O	C	B	G	O	P	I
I	N	O	I	T	A	I	L	I	C	N	O	C	E	R
R	B	S	S	E	N	E	V	I	G	R	O	F	R	F

DECEIT
INTRODUCTION
RECONCILIATION
FORGIVENESS
FAREWELL
RETURN
SORROW
CORONATION
FRIENDSHIP
WELCOME
MURDER
SALVATION
RIGHTEOUSNESS
REPENTANCE
RESTORATION
BETRAYAL

LOVE OF THOSE WHO DO *Good Deeds*

Galatians 6:9 reminds us to not "grow weary of doing good," and these are fine words to live by. There are inspirational people whose great deeds are relayed in the Bible throughout the Old and New Testaments. Can you pick out the names of some of the Bible's best helpers in this word search?

R	O	U	E	D	R	A	U	L	H	P	E	S	O	J
A	L	D	V	S	V	U	M	X	Z	F	J	C	O	T
H	Z	Z	A	H	T	R	A	M	O	D	S	N	I	S
A	R	X	K	D	Q	H	Z	N	Y	C	A	M	I	Q
B	N	O	J	H	F	K	E	C	Z	T	O	L	V	M
T	Q	A	E	T	K	D	S	R	H	T	A	D	W	A
A	V	L	F	U	P	S	C	A	H	S	R	K	S	D
B	E	L	Y	R	S	A	N	Y	C	W	Y	K	G	Q
I	E	I	F	V	V	B	V	R	S	Y	R	A	M	X
G	A	C	K	F	P	A	Z	C	A	N	F	L	C	H
A	I	S	O	W	E	N	R	J	C	V	V	I	L	E
I	D	I	R	A	X	R	J	S	R	H	A	U	Y	W
L	Y	R	E	U	T	A	D	Y	O	M	Y	Q	D	O
L	L	P	J	U	B	B	R	Q	D	N	B	A	X	N

ABIGAIL
ELI
ESTHER
JONATHAN
RAHAB
RUTH
AQUILA
PRISCILLA
BARNABAS
DORCAS
JOSEPH
LYDIA
MARTHA
MARY
SILAS
TIMOTHY

LOVE OF *Nature*

Job 12:7–10 tells us: "But ask the beasts, and they will teach you; the birds of the heavens, and they will tell you; or the bushes of the earth. . . . Who among all these does not know that the hand of the Lord has done this?" The earth is filled with wonders of His creation. Some of them are in this word search.

S X A L P F H W D S T N A L P
K H S N A E C O T L R X U A A
I F O R E S T S T L W Z T N C
E E A R T H E Q J C K H I L L
S C P N X R Q O G H P M O M P
K B N P Z M D S R M A U Z A L
T S N O F J Z N T L D B S K S
U L B D O V N I S S R E V I R
T S V N A M A A U T T D H B K
G B C S T J S T H P A I B R L
H N A H C R L N H L S E E R T
O E G U A O L U N D I U N W W
S S W T F Z I O S E K A L U L
O Q S D I O H M K M S Y B G S

OCEANS
SUN
STARS
MOON
MOUNTAINS
TREES
EARTH
SKIES
CLOUDS
SEAS
HILLS
RIVERS
FORESTS
LAKES
PLANTS
ANIMALS

LOVE OF GOD'S *Promises*

The Bible is filled with promises to the faithful, and God's words give us great hope and encouragement. Romans 10:9 reads: "If you declare with your mouth that Jesus is Lord and believe in your heart that God raised him from the dead, you will be saved." Here are some of the promises that believers can take to heart.

B	F	G	N	I	D	N	A	T	S	R	E	D	N	U
D	J	R	K	H	J	I	E	C	N	A	D	I	U	G
E	C	F	U	E	H	T	G	N	E	R	T	S	U	J
L	C	O	E	I	C	U	U	P	M	N	Q	B	M	S
I	R	B	M	L	T	U	L	D	T	K	F	Q	Q	Y
V	R	X	Y	F	L	F	G	Y	T	R	E	B	I	L
E	E	A	W	H	O	O	U	A	M	O	H	J	S	O
R	S	N	W	X	Q	R	W	L	K	O	K	Q	C	A
A	T	E	K	A	I	Z	T	S	N	N	D	I	Q	O
N	K	P	Y	N	E	Y	W	R	H	E	Q	S	L	O
C	O	O	R	C	V	V	O	X	L	I	S	A	I	U
E	O	H	A	Y	T	F	A	J	X	E	P	S	W	W
E	V	E	R	L	A	S	T	I	N	G	L	I	F	E
R	P	R	E	S	U	R	R	E	C	T	I	O	N	I

EVERLASTING LIFE
UNDERSTANDING
RESURRECTION
FELLOWSHIP

GUIDANCE
DELIVERANCE
PEACE
LIBERTY

HOPE
JOY
REST
COMFORT

STRENGTH
WISDOM
FRUITFULNESS

LOVE OF *Worship*

To worship is an act of love for God and it is most often characterized by prayer. Psalm 95:6 urges us: "O come, let us worship and bow down; let us kneel before the Lord, our Maker," but there are many terms we use when we refer to the ways we pay homage to God. Here are some of them.

A I R B T O P L B R E Y A R P
D E Z J M N O I T O V E D P V
O Y X C R J T U E J L H X U H
R X P A X V U T R T O D F E B
A Q J Y L J O I N N Y K X L B
T E J H E T V T O D K P E J E
I T C F N D E R E Y U S G L C
O A M R A E D T F X S S A Y N
N R H Q D C T I L I E D M F E
I B C P D I T U N R Y J O I R
Y E W D M C G G V V Q L H R E
W L D M N Q B E X E F W Y O V
Q E O A E Z K Y M M Q L A L E
H C S E T A R E N E V G P G R

DEVOTION
REVERENCE
SANCTIFY
ADORATION
HONOR
SERVE
VENERATE
PAY HOMAGE
CELEBRATE
DEVOUT
EXALT
PIETY
GLORIFY
COMMITTED
PRAYER
BLESSING

LOVING *Kindness*

In Exodus 20:1–6, God gives us a manual for living with the Ten Commandments and reminds us that when we show devotion to Him, in return He shows "lovingkindness to thousands, to those who love Me and keep my commandments." Here are words that help to describe what God means to us.

H	C	R	U	H	C	E	H	T	F	O	D	A	E	H
R	D	W	J	E	F	I	L	F	O	D	A	E	R	B
E	E	B	V	T	N	E	S	E	R	P	I	N	M	O
F	M	D	R	T	H	E	W	A	Y	D	N	I	T	N
I	E	U	E	A	R	O	T	C	A	F	E	N	E	B
L	D	T	N	E	T	O	P	I	N	M	O	P	S	K
L	I	C	L	M	M	X	D	N	C	I	W	U	M	R
A	A	G	I	U	I	E	U	R	T	J	O	A	Y	H
N	T	M	G	B	D	D	R	A	E	E	V	T	R	F
R	O	R	H	T	F	E	D	V	T	H	H	D	O	F
E	R	F	T	H	L	N	I	H	P	I	P	K	C	Q
T	X	G	D	A	U	Z	G	Z	N	F	K	E	K	T
E	L	I	E	O	N	I	X	K	I	N	G	G	H	V
A	Z	H	F	Q	R	P	P	D	A	J	C	G	M	S

REDEEMER
HEALER
ETERNAL LIFE
MY ROCK
OMNIPRESENT

SHEPHERD
MEDIATOR
BENEFACTOR
KING
FOUNDATION

RIGHTEOUS
THE WAY
BREAD OF LIFE
OMNIPOTENT
HEAD OF THE CHURCH

SECTION 3

HEAVEN and Earth

CHRISTIANS KNOW THAT in the beginning there was nothing until "God created the heavens and the earth." Creation is the act of God making an ordered universe filled with life and beauty. There are accounts of the Creation in Genesis: God created light on the first day, making night and day, and proceeded to fill the earth with amazing things, until the sixth day, when He created animals and human beings. "The Lord God formed every animal of the field and every bird of the air, and brought them to the man to see what he would call them; and whatever the man called every living creature, that was its name" (Genesis 2:19).

The word searches in this section reflect an appreciation for everything in heaven and earth that He created—God's word, the beautiful seasons, the guidance of angels, our communities, our churches and so much more. We are so grateful for the beautiful world we live in.

"How many are Your works, O Lord! In wisdom You made them all; the earth is full of Your creatures."

—Psalm 104:24

GOD CREATED OUR WONDERFUL WORLD...

...so it is incumbent upon us to ensure that we maintain proper stewardship.

- **PLANT A TREE** ***Scientific American*** *informs us that the world has over three trillion trees, but we are losing almost ten billion trees annually.*
- **CONSERVE WATER** ***National Geographic*** *says that almost 70 percent of the earth's surface is covered by water, but only 2.5 percent is actually fresh water. Also, much of that is trapped in glaciers and ice.*

BIBLE ANGEL FACTS

Angels are **DIVINE BEINGS** in the service of God: They appear as God's messengers and attendants to his throne. In a few instances, they serve as soldiers in God's army.

With or without **WINGS**? Although angels are often pictured as having wings, the Bible portrays only cherubim and seraphim as winged beings.

What do they **LOOK LIKE**? Relatively little is said about their appearance. Sometimes they look like human beings and are described as being of blinding beauty. In the New Testament, they often appear in a brilliant white light.

Are angels **DIVINE MESSENGERS**? Angels may foretell an imminent manifestation of God's will, deliver judgment, punish enemies, inform a prophet of his mission or comfort the afflicted.

What is a "**FALLEN ANGEL**"? Although they're spiritual rather than corporeal beings, angels can succumb to temptation. Satan and his minions are traditionally described as fallen angels.

Are there **GUARDIAN ANGELS**? The popular concept may derive from Jesus' command to his disciples concerning children: "Take care that you do not despise one of these little ones; for, I tell you, in heaven their angels continually see the face of my Father in heaven" (Matthew 18:10). ■

?&A

Q *What trees grew in biblical lands?*

A *The importance of trees is established early in the Book of Genesis, when God supplies the garden of Eden with fruit-bearing trees, as well as the tree of life (which provided access to immortality) and the tree of knowledge of good and evil, which Adam and Eve recklessly sampled. Trees that did grow in the Holy Land were largely fig and mulberry trees that provided shade and fruit, while cedars and cypresses provided excellent timber for building.*

Dates, olives, pomegranates, almonds, pistachios and walnuts were also important foods that came from trees.

Amen to That!

Not long after I resigned as pastor of a small church, the phone rang. "Is the reverend there?" a man asked. I explained that I was a minister, though not the current pastor. "You'll do," he said. The man wanted to know which Scripture verses applied to funeral services.

I gave him several references, and then he asked, "What about the 'ashes to ashes, dust to dust' part?"

I gave it to him. Then, intending to offer some sympathy, I inquired, "And who is the deceased?"

"My daughter's rabbit," he replied.

THE *Heavens*

Most Christians believe that heaven is the place where God resides and that it is "the ultimate home of the blessed who die in the Lord." Here are things that we would expect to find in heaven.

C H B S M E G S U O I C E R P
T M S L L A W R E P S A J R G
R G K B G T E E R T S D L O G
E T O R I V E R O F L I F E B
E P H L K Q N I A G A N R O B
O V A E D O G F O E N O R H T
F D I L F E D V G C U I H Y P
L O P F A A N O T E A R S A R
I E W F R C T A G H B L B S H
F Y C X F R E H L F U B P L U
E L P V F J W S E T O N D E Z
P A R A D I S E O R A K R G J
A P E A R L G A T E S R R N R
N E W J E R U S A L E M P A C

GOLDEN ALTAR
THE FATHER
THRONE OF GOD
BORN AGAIN
NEW JERUSALEM
JASPER WALLS
RIVER OF LIFE
PARADISE
ANGELS
NO TEARS
GOLD STREET
PRECIOUS GEMS
PEARL GATES
TREE OF LIFE
ARK OF GOD
PALACES

Angels

Angels are spiritual beings who sometimes act as intermediaries between God and man, either as a protector or guide. Most angels appear in human form in the Bible, and while some have wings, others do not. Here are some interesting terms associated with angels.

N	C	A	G	L	O	R	I	F	Y	G	O	D	F	S
O	F	Y	G	S	A	E	C	N	U	O	N	O	R	P
P	A	I	N	T	E	L	L	I	G	E	N	T	S	E
K	W	L	I	V	E	F	O	R	E	V	E	R	G	Y
C	H	A	R	I	O	T	S	G	Q	M	E	S	N	L
A	L	Z	T	O	Q	O	U	M	P	T	W	C	I	Q
P	W	U	L	C	N	Z	I	X	S	I	S	H	E	M
I	L	I	M	M	H	H	Q	I	F	T	Q	E	B	E
Y	X	F	N	O	P	E	N	T	A	D	Y	R	T	V
I	B	O	I	A	M	I	R	R	L	H	Y	U	I	R
Y	Y	R	R	L	M	O	S	S	W	H	I	B	R	E
C	R	E	A	T	E	D	B	Y	G	O	D	I	I	S
Q	S	E	N	R	E	J	O	I	C	E	U	M	P	B
P	S	T	S	O	H	N	J	D	R	W	Q	A	S	O

SPIRIT BEINGS
GLORIFY GOD
INTELLIGENT
CHERUBIM
LIVE FOREVER
CREATED BY GOD
PRONOUNCE
HOSTS
CHARIOTS
OBSERVE
WATCHERS
MINISTERS
SERAPHIM
SWIFT
STARS
REJOICE

Prophets

There are many prophets and prophetesses whose prophecies are relayed in the Bible. And while there are heroic oracles who made meaningful predictions, there are also false prophets that God warns us about frequently in the Scripture. Here is a selection from both groups.

V W A G E E D N M S Z B M X S
I O Z D H X W L O S I Z P Q I
N A L E J U D V H Y A M S A M
O S Y H D G L A D I C M V T E
A U K X M E N D Z I P J Y N O
D F M X W A K V A I N H O L N
I W X S N Z Z I I H L C A C E
A H V I Z A N M A L H M R V T
H M A R I A M M T H J V V B G
U H R I H R A H H R I Y Q A C
D L M T K A M I B A G M D B U
P Z A N L N E A N S U B A G A
H N L A Z L H N H A R O B E D
A S B Y I A A H A I A M E H S

GAD
HANANIAH
ELYMAS
MARIAM
BALAAM
ANNA
DEBORAH
SIMEON
NATHAN
NOADIAH
ENOCH
AHAB
ZEDEKIAH
SHEMAIAH
HULDAH
AGABUS

Miracles

The Bible is bursting with miracles. In fact, it begins with one of the greatest miracles ever recorded: that of Creation. "In the beginning, God created the heavens and the earth." Here is a list of some of the amazing miracles.

Y	K	R	I	E	N	I	W	O	T	R	E	T	A	W
H	E	A	L	I	N	G	L	E	P	E	R	S	H	H
P	L	A	G	U	E	O	F	L	O	C	U	S	T	S
I	S	U	R	A	Z	A	L	G	N	I	S	I	A	R
N	O	I	T	A	R	U	G	I	F	S	N	A	R	T
N	O	M	E	D	T	U	O	G	N	I	T	S	A	C
O	R	E	S	U	R	R	E	C	T	I	O	N	P	E
I	V	I	R	G	I	N	B	I	R	T	H	W	X	X
S	X	D	O	O	L	F	E	H	T	J	M	O	T	O
N	K	P	E	N	T	E	C	O	S	T	D	P	H	D
E	K	A	B	V	Y	P	R	E	T	U	U	V	O	U
C	P	K	W	A	L	K	O	N	S	E	A	H	U	S
S	R	E	D	S	E	A	P	A	R	T	I	N	G	T
A	E	D	M	H	S	U	B	G	N	I	N	R	U	B

ASCENSION
EXODUS
THE FLOOD
PENTECOST
VIRGIN BIRTH
HEALING LEPERS
RESURRECTION
BURNING BUSH
WALK ON SEA
WATER TO WINE
RED SEA PARTING
RAISING LAZARUS
TRANSFIGURATION
PLAGUE OF LOCUSTS
CASTING OUT DEMON

THE SEASONS: *Spring*

Song of Solomon 2:11 reminds us of the joys of spring: "Behold, the winter is past; the rain is over and gone. The flowers appear on the earth, the time of singing has come, and the voice of the turtledove is heard in our land." What are some of your fondest thoughts about spring?

R A I N B O W S V R T N E L M
Y U P L I T F D U G Y K Y D V
S G U X H Z U G N I N A E L C
I U D Q L C U L T O W I S F M
L A D P Y E G N I K I B K U K
V G L C P Q T N V P G Y M I H
X O E O V F N R P P S B S U H
B A S E B A L L T F R H M G W
G A L O S H E S K E X H O N D
T H T O S Z F F L V Y V S I H
E X D S F M E L U N M K S T S
D N A L W Z A J C I O T O S B
U R O E G A R A G E S A L E K
G G I V S H O W E R S C B N R

BASEBALL
LENT
SHOWERS
UMBRELLA
HIKING
TULIPS
GALOSHES
RAINBOWS
CLEANING
GOLF
GRASS
BLOSSOMS
GARAGE SALE
NESTING
BIKING
PUDDLES

THE SEASONS: *Summer*

Ecclesiastes 3:1–22 "To everything there is a season, and a time for every purpose under heaven: a time to be born, and a time to die" are beautiful passages to remind us of the fleeting joys of life. Here are some beloved summer places, things and activities that so many of us love.

T	T	B	A	R	B	E	C	U	E	E	D	A	H	S
F	R	H	S	E	I	R	R	E	B	W	A	R	T	S
U	P	I	U	N	K	Y	N	O	I	T	A	C	A	V
A	L	M	S	N	Z	H	E	V	A	W	T	A	E	H
Y	E	J	R	W	D	O	Q	U	L	Y	B	C	F	J
G	M	C	E	E	H	E	U	K	Q	A	S	A	O	W
E	O	I	W	J	B	P	R	D	O	W	K	M	H	C
N	N	N	O	G	A	S	L	S	I	B	A	E	A	D
I	A	C	L	T	L	R	W	M	T	E	D	M	Z	A
H	D	I	F	A	T	I	M	F	R	O	P	T	Y	H
S	E	P	D	K	N	I	L	C	M	I	R	I	W	C
N	W	N	L	E	N	X	E	A	N	X	E	M	C	A
U	A	D	I	G	U	C	S	G	K	J	I	I	S	E
S	Y	I	W	F	I	I	I	H	W	Y	B	I	L	B

PICNIC
VACATION
BARBECUE
SHADE

ICE CREAM
CAMPING
SWIMMING
HEAT WAVE

SANDALS
SUNSHINE
BEACH
LAKE

STRAWBERRIES
WILD FLOWERS
THUNDERSTORMS
LEMONADE

THE SEASONS: *Fall*

In the fall, it is harvest time—"a time to pluck up what is planted." Does the list below contain some of your favorite fall things and activities that make the season so satisfying?

M Z N R O C Y D N A C U D K O
S F O A E G A I L O F L L A F
E G A P U M P K I N S Q H G G
L N T R C S I L K B F B H N N
P I O H M L E E F B M S A I I
P K W C I E C V O D Q Y Y V V
A C G H E R R N A L C P R I R
L I C T Q Z F S L E N I I G E
E P J K S I A A M R L M D S S
M E I V R E B M S A N E E K E
A L I E A T V B N O R E K N R
R P S O O S X R I R U K F A P
A P Z O X X V U A X O P E H R
C A F C G D O X V H L C C T I

PUMPKINS
FOOTBALL
SOUP
CHILI
CORN MAZE
HARVEST
APPLE PICKING
HAYRIDE
BONFIRES
RAKE LEAVES
CANDY CORN
FARMERS MARKET
PRESERVING
FALL FOLIAGE
CARAMEL APPLES
THANKSGIVING

THE SEASONS: *Winter*

Genesis 8:22 promises that "While the earth remains, seedtime and harvest, cold and heat, summer and winter, day and night shall not cease." Life will go on even though the earth may lie dormant under the snow. Try to pass the time with these wintertime memories.

S	K	I	I	N	G	N	I	R	E	V	I	H	S	S
D	T	S	O	R	F	Q	M	L	I	C	E	F	N	N
A	E	B	E	X	K	W	G	W	B	S	Z	O	X	Q
E	T	E	M	I	F	L	T	F	N	Z	W	D	F	W
R	A	R	M	G	K	V	P	O	J	I	J	E	R	U
D	L	I	Z	L	U	O	W	U	N	W	D	P	A	E
N	O	F	C	C	E	M	O	G	C	I	J	T	C	D
A	C	G	Z	B	A	G	J	C	R	X	I	U	S	T
P	O	N	N	N	A	E	N	H	G	U	S	B	D	J
U	H	I	W	I	M	D	G	A	S	N	O	E	N	K
L	C	R	G	T	T	I	R	W	W	O	I	L	A	I
R	T	A	J	K	E	A	O	F	T	O	S	K	T	D
U	O	O	N	L	T	N	K	S	G	Y	N	J	A	R
C	H	R	S	Y	S	H	U	S	I	G	Z	S	H	M

ICE
SNOWING
FROST
SKIING

ROARING FIRE
SNOW ANGEL
SNOWSUIT
SNOWMAN

SKATING
BOOTS
SLEIGH RIDE
SHIVERING

MAKING COOKIES
CURL UP AND READ
HOT CHOCOLATE
HAT AND SCARF

Spiritual NOURISHMENT

John 15:4–5 reads "Abide in me, and I in you. As the branch cannot bear fruit by itself, unless it abides in the vine, neither can you, unless you abide in me. I am the vine; you are the branches." God reminds us that we all need to be nurtured. Here are items that feed the body and others that soothe the soul.

X S R S M S E L B A T E G E V
W M Z S T N A D I X O I T N A
B H X M Y O J R E T H G U A L
F D O D A S O W S A L Y N Y Z
R G Y L I M A F N T V Q T X E
U W R F E C N H P Z U I A Y E
I A T A Y G V X H P L N D F Y
T C S F T T R O M I S F G F R
S U E I L I T A U E V D S B I
E F M S Y P T Q I E C E E Y A
C E U V U J N U D N C W C E D
A V G M T A J U D I S L V O S
E O E U R I O Z P E T H E D V
P L L T Y L Y S P S A E Z A M

SPICES
NUTS
LOVE
DAIRY
FRUITS
SEEDS
LAUGHTER
JOY
LEGUMES
PEACE
FAMILY
GRATITUDE
VEGETABLES
TRANQUILITY
ANTIOXIDANTS
WHOLE GRAINS

Holidays

Taking time off (even on non-Christian holidays) helps you to feel more focused and relaxed. Regardless of whether you celebrate all of these holidays, try to pass some time relaxing on these days with family and friends.

R	P	R	E	S	I	D	E	N	T	S	D	Q	K	S
V	Y	R	G	O	O	D	F	R	I	D	A	Y	T	S
E	A	W	L	A	I	R	O	M	E	M	G	P	T	E
T	D	D	C	O	S	J	C	Z	S	N	A	V	A	T
E	N	N	D	U	A	O	N	T	I	T	A	S	U	A
R	U	L	M	F	R	T	N	V	R	L	T	Y	C	L
A	S	D	D	Y	G	I	I	I	E	E	H	Z	A	Q
N	M	B	J	Q	A	G	C	N	R	A	U	B	V	I
S	L	V	Q	S	S	K	T	E	M	T	O	Q	S	A
D	A	W	L	K	S	I	E	S	K	R	P	W	T	N
H	P	L	N	P	N	S	A	M	T	S	I	R	H	C
Z	A	A	P	E	B	N	E	E	W	O	L	L	A	H
O	H	V	S	U	B	M	U	L	O	C	M	F	C	M
T	C	I	N	D	E	P	E	N	D	E	N	C	E	Z

GOOD FRIDAY
PALM SUNDAY
ST. PATRICK'S
THANKSGIVING
HALLOWEEN
EASTER
CHRISTMAS
MEMORIAL
INDEPENDENCE
ST. VALENTINE'S
LABOR
VETERANS
COLUMBUS
PRESIDENT'S
ALL SAINTS

WHAT'S IN A *Church*

A church is where Christians gather to worship and hear God's word in an atmosphere of grace and acceptance. Here are items that you might expect to find in your community church.

T K H O L Y C R O S S S D T B
D D C S B D B H A X M M W I P
G B O C S L U T L S H O B R O
T A N W H A O Z T Q L L A R A
H P G D K K L C A N E Y G Y Q
O T R S M B Z G R S E A O I Z
D I E K E I R L D R N V H N J
S S G O O F R E B E R C M N U
E M A O O D E O T T N S J J L
L A T B L R O T R S I I W L H
D L I N A K X I C C I P A B W
N D O M S P O F K Y Z N L T W
A V N Y L H I P E W S M I U S
C Q T H C R Q R H O I F E M P

PULPIT
MINISTER
CANDLES
PEWS
ORGAN
HOLY CROSS
ALTAR
BAPTISMAL
CHOIR
BIBLES
HYMN BOOKS
PRAYER BOOKS
STAINED GLASS
CONGREGATION

WHAT'S IN A *Home*

Home is where the heart is. It's the place that offers shelter from the harsh external world and serves as a warm, safe haven for the family. Here are some words associated with a good Christian home.

R	A	S	Y	L	U	M	C	A	R	I	N	G	Y	V
E	A	L	D	G	N	I	K	O	O	C	E	M	O	H
H	Y	S	R	N	W	R	A	Q	V	Q	J	E	R	P
T	U	W	J	F	I	Y	L	L	Z	N	E	V	O	L
E	F	L	E	X	I	B	I	L	I	T	Y	L	P	S
G	D	V	I	K	H	D	B	Y	W	H	I	W	H	M
O	O	B	E	Z	T	F	G	Z	L	T	H	E	T	U
T	G	Z	G	N	M	H	D	P	E	X	L	B	N	F
G	F	W	A	F	R	M	Y	N	I	T	P	I	V	A
N	O	R	I	W	A	R	E	T	E	H	T	S	Z	M
I	E	K	R	K	W	S	B	R	E	Y	S	L	R	I
N	V	Z	R	S	S	T	W	H	M	F	G	R	Y	L
I	O	U	A	C	R	E	F	U	G	E	A	D	O	Y
D	L	Y	M	E	P	J	H	M	W	W	Q	S	W	W

LOVE
REFUGE
CARING
SAFETY

MARRIAGE
POLITENESS
SHELTER
FLEXIBILITY

WORSHIP
DINING TOGETHER
HOME COOKING
LOVE OF GOD

ASYLUM
FAMILY
UNITY
WARMTH

THE BEATITUDES OF *Jesus*

Matthew 5:3–10 contains the Eight Beatitudes, and they begin "Blessed are the poor in spirit, for theirs is the kingdom of heaven." The Eight Beatitudes are messages of love intended to ease earthly trials and tribulations. Here are words from the Beatitudes.

K P E R S E C U T E D W O H J
I U H C M X T Q S M H T R A E
N T Q G C M J O E R E G N U H
G P U Q S R O R O C A P C E X
D T P R T R C U L G B U A Y S
O I C Z A I E N R Q C R S A H
M R Z E F X G K L N T E T E Q
L E W U X B G F A T L I A X P
C H L L M D S V C M S V W M N
R N Q K O G O R B F E R Y S E
T I E G Q U Q R I N N C I O O
S E E E G E A E X H Y H A H V
M E G C A Q D N P G N V E E T
S D E S S E L B D I N Z L M P

KINGDOM
EARTH
INHERIT
BLESSED
THIRST
MEEK
MERCIFUL
MOURN
PURE
HUNGER
SEE GOD
PEACEMAKERS
SATISFIED
PERSECUTED
HEAVEN
HEART

POSITIVE *Christian* ACTIONS

1 Peter 2:21 advises us: "For to this you have been called, because Christ also suffered for you, leaving you an example so that you might follow in his steps." A person's good works, actions and deeds are vitally important. Here are some ways to lead by example.

S	P	R	E	A	D	G	O	D	S	W	O	R	D	F
B	E	V	I	S	I	B	L	E	O	W	R	D	D	J
X	C	M	Q	W	H	J	O	E	A	B	B	R	W	P
J	I	F	R	I	C	F	D	B	E	Q	O	A	A	R
L	N	B	S	T	F	U	K	L	E	L	N	R	C	E
T	S	A	I	X	C	E	I	V	E	Y	T	I	O	N
N	P	Y	C	A	Y	E	I	H	W	I	J	D	U	C
E	I	H	T	H	V	T	T	Y	C	G	R	E	N	O
S	R	E	J	E	I	E	M	I	J	A	C	R	S	U
E	E	J	S	S	S	E	P	Z	H	K	E	A	E	R
R	K	S	O	I	L	A	V	K	I	V	A	P	L	A
P	U	P	A	X	T	U	R	E	S	J	R	E	A	G
E	E	R	V	E	B	O	C	E	S	S	F	R	P	E
B	P	Y	K	U	W	P	T	L	B	M	P	P	P	S

BE PRESENT
INSPIRE
BELIEVE
BE VISIBLE

WORK HARD
ENCOURAGE
EDUCATE
PREPARE

SPEAK
COUNSEL
OBEY
ACHIEVE

PARTICIPATE
BE POSITIVE
SPREAD GOD'S WORD
PRAISE THE LORD

GOD *Lights* THE WAY

The Scriptures often use "light" to symbolize God. For example, John 8:12 tells us "I am the light of the world. Whoever follows Me will never walk in darkness, but will have the light of life." Here are some other words that describe light.

K J R A D I A N C E Q C Z C G
B W P L U M I N O S I T Y K L
B I L L U M I N A T I O N I O
G N K S G E K K U E B T W G W
B N O Q H J C S A J G O W P K
S E S I S B G N U E C R A T S
U T A V T V T L A N R Z L G A
N X O C C A N Q R I B B T L Q
S Y C J O R I S L E L E Y L O
H E H M E N E D W X M L A A K
I C I T Q M L Y A A Q M I M D
N Q N Y A Z P W Q R Y V I R L
E A A L Z S U G H V R S Z L B
L R F D S S E N T H G I R B G

LUMINOSITY
LANTERN
BEACON
GLIMMER
RAY
DAYBREAK
IRRADIATION
SUNBEAM
BRIGHTNESS
RADIANCE
GLOW
ILLUMINATION
STAR
SUNSHINE
FLAME
BRILLIANCE

ROCKS AND *Gemstones* IN THE BIBLE

Rocks are symbols of stability and endurance, while gemstones are beautiful. In Revelation 21:19–20, John names stones that adorn the foundation of New Jerusalem. Can you find these rocks and gems mentioned in the Bible?

F	A	S	O	P	N	E	L	C	N	U	B	R	A	C
B	Y	Y	U	R	K	F	X	L	A	T	S	Y	R	C
C	Y	A	M	E	T	H	Y	S	T	O	P	E	A	P
N	I	X	R	K	A	P	T	I	L	I	E	R	W	O
J	M	H	U	C	S	O	U	L	P	S	N	Y	N	S
J	X	M	B	W	P	L	M	Y	A	E	M	Y	A	D
W	I	H	Y	A	P	E	X	R	L	F	X	P	V	L
J	D	L	Z	P	X	H	P	I	D	D	P	O	H	K
B	A	W	R	O	T	O	A	N	W	H	W	C	E	L
E	D	S	P	A	S	N	O	B	I	G	K	T	F	A
T	J	T	P	Y	E	M	J	R	I	U	U	V	A	R
A	P	P	R	E	A	P	E	P	L	R	W	M	Z	O
G	P	H	A	I	R	D	L	A	R	E	M	E	X	C
A	C	B	D	M	E	T	I	L	O	S	Y	R	H	C

ONYX
CHRYSOPRASE
EMERALD
CARBUNCLE

JASPER
TOPAZ
CARNELIAN
AGATE

RUBY
SAPPHIRE
CHRYSOLITE
AMETHYST

DIAMOND
CRYSTAL
PEARL
CORAL

WHAT'S IN A *Name*

People have been given nicknames throughout time, including in the Bible. For example, Abraham was nicknamed the "Friend of God," and Thomas, the "Doubting Disciple." Here are other nicknames that can be found in the Bible.

M B W Z Z Q W H A R L O T R M
K A O M I S S I O N A R Y A N
X K D A D S N J Y N Z O R E W
O T Y F C E H N T P J T J I L
F M W C D I K E G E Y C S S G
U U O J U L R S A R H E G I F
I R O C K F A E O Y K P A Q R
R D A J T O S I Y I G N O D F
E H L S S R P T N A T Q K R E
D Q S G I E R G O K R X Q A P
N Y H B T H E Q I L G T R H M
U R G B P T S N H B A T E I Z
H S G X A A G W D Y H E Q B T
T O J N B F C M X J P O Z G J

WISE KING
ZEALOT
BETRAYER
ROCK
MARTYR
MISSIONARY
HARLOT
FOX
BAPTIST
MAD
GIANT KING
FATHER OF LIES
(weeping) PROPHET
(salt of the) EARTH
(sons of) THUNDER

POLITICAL AND RELIGIOUS *Groups* IN THE BIBLE

The Bible mentions various religious and political groups. Sometimes their purpose is explained, while others are not referenced well enough to appreciate their significance. Here is a list that might bear further study.

S	S	Q	Q	H	S	E	N	I	T	R	E	B	I	L
A	A	T	P	X	S	N	A	T	I	R	A	M	A	S
D	R	M	O	X	K	N	I	R	D	E	H	N	A	S
D	O	E	P	I	C	U	R	E	A	N	I	S	M	T
U	P	M	F	D	C	J	S	I	F	S	J	S	V	Z
C	S	X	B	E	O	S	U	S	T	S	S	E	R	S
E	A	O	X	I	J	R	N	S	E	E	N	T	U	N
E	I	Y	D	B	A	A	I	E	S	T	A	I	B	A
S	D	L	H	X	C	N	S	T	E	I	I	V	B	E
B	E	T	Z	I	E	I	O	O	B	R	D	E	Z	L
I	H	J	L	L	R	L	D	G	I	A	O	L	P	I
K	T	B	L	A	A	G	P	R	R	Z	R	G	W	L
U	U	E	H	E	F	C	J	W	C	A	E	R	M	A
P	H	P	Z	L	N	A	M	B	S	N	H	N	U	G

LIBERTINES
SCRIBES
ZEALOTS
GALILEANS

EPICUREANISM
SADDUCEES
THE DIASPORA
PUBLICANS

HELLENISTS
SANHEDRIN
LEVITES
HERODIANS

PHARISEES
SAMARITANS
NAZARITES
STOICS

Evil

The Bible warns us that evil is ever present: Psalms 27:1-12 "The Lord is my light and my salvation; I will fear no one. The Lord protects me from danger; I will never be afraid. When evil people attack me and try to kill me, they will stumble and fall." There are negative traits in evil beings; here are some to watch out for.

R	E	P	R	E	H	E	N	S	I	B	L	E	A	D
P	E	R	V	E	R	T	E	D	J	S	Z	K	I	C
T	I	J	O	T	B	A	P	P	W	C	T	A	L	C
H	W	M	Y	W	F	R	B	Y	I	R	B	X	O	Z
S	T	G	M	H	E	R	U	O	J	O	W	R	Y	U
I	S	N	Q	O	Q	L	H	T	L	U	R	F	N	R
D	U	R	E	I	R	Q	B	I	A	U	A	H	B	I
N	O	E	S	C	D	A	C	A	P	L	O	A	N	W
E	R	T	R	Q	I	A	L	T	C	L	V	Y	S	I
I	T	S	F	Q	L	F	L	H	Y	I	K	X	I	C
F	S	I	U	Q	J	Q	E	E	P	E	P	R	B	K
I	N	N	P	F	X	D	V	L	U	E	Q	S	A	E
E	O	I	K	Z	A	O	F	N	A	R	M	J	E	D
T	M	S	M	B	L	R	Z	H	D	M	C	V	R	D

SINISTER
PERVERTED
FIENDISH
CORRUPT
WICKED
IMMORAL
CRUEL
BRUTAL
UNHOLY
MONSTROUS
BAD
REPREHENSIBLE
MALEFICENT
DESPICABLE
DIABOLICAL
DARK

NAMES FOR *Satan*

Once an angel who rebelled against God, Satan was exiled from heaven to earth, where he has wreaked havoc ever since. 1 Peter 5:8 reminds us to be vigilant: "Be alert and of sober mind. Your enemy the devil prowls around like a roaring lion looking for someone to devour." Here are other names for this evil spirit.

M	O	N	K	B	R	F	R	D	K	N	O	M	E	D
L	E	B	E	L	E	T	H	Y	R	D	V	E	Z	A
E	Y	P	N	X	D	L	D	O	I	A	M	R	P	N
V	F	I	H	G	T	X	I	A	H	X	G	O	A	L
I	G	R	X	I	L	S	B	A	E	H	L	O	U	I
A	B	I	E	E	S	O	I	I	L	L	Y	C	N	L
T	U	T	X	V	L	T	D	R	Y	G	I	C	E	J
H	B	L	G	U	I	R	O	O	H	F	E	Z	E	F
A	E	K	S	V	E	E	N	P	E	C	X	Z	D	H
N	Z	D	H	T	X	L	C	R	H	U	I	Y	U	W
W	L	S	P	L	I	A	R	E	A	E	B	T	Z	F
U	E	M	H	V	U	P	U	Y	D	I	L	P	N	R
Q	E	I	E	F	D	B	H	B	M	Q	L	E	H	A
T	B	D	Y	R	E	R	E	D	R	U	M	J	S	B

DRAGON
BELIAL
LUCIFER
TEMPTER

APOLLYON
DECEIVER
DEMON
DIABOLUS

ANTICHRIST
LIAR
DEVIL
MEPHISTOPHELES

BEELZEBUB
LEVIATHAN
MURDERER

SECTION 4

FAITH, HOPE and *Charity*

IN THE BIBLE, faith means trusting in God by believing that He exists, that He embraces humanity with steadfast love, and that He is faithful to His word. Abraham is the enduring model of faith. In Genesis, God instructs him to "Go … to the land that I will show you" (Genesis 12:1). Although Abraham did not know where he was going, still he went. Repeatedly Abraham obeyed God's word, and God caused him to prosper.

Jesus taught that there was enough power in faith to "move mountains," while hope is the steadfast faith in God's promises. And charity, of course, is love. The word searches in this section bring into focus Christian virtues such as faith, hope, charity, courage, obedience and mercy, and also provide inspiration on how to serve God.

"May the God of hope fill you with all joy and peace in believing, so that by the power of the Holy Spirit you may abound in hope."

—Romans 15:13

THE STORY OF 'AMAZING GRACE'

"**AMAZING GRACE**" is a Christian hymn composed in 1772 by English poet and clergyman **JOHN NEWTON**. He wrote the lyrics from personal experience, although his background was not particularly religious. After a stint in the Royal Navy, he got involved in the horrific slave trade. During a violent storm at sea, he was afraid and called out for God's mercy. After the storm, when he was safe, he decided to change his life and started a journey towards spiritual conversion. He studied Christian theology and was ordained into the Church of England. He wrote "Amazing Grace" to illustrate his sermon on New Year's Day in 1773. It was a lyric that aptly described his journey from unworthy wretch to grateful believer. It is estimated that this song is sung more than 10 million times each year and that its message of forgiveness and redemption still resonates around the world. ■

?&A

Q *What were favorite pastimes in the biblical era?*

A *Riddles were popular verbal puzzles that tested an audience's wits and were favored diversions at banquets. A famous riddle was posed by Samson at his own wedding feast: "Out of the eater came something to eat. Out of the strong came something sweet." Unable to solve the puzzle, guests coerced Samson's wife into helping. It was impossible to solve the riddle without familiarity with an experience Samson had when he killed a lion and found bees and honey in its corpse (Judges 14:14–18).*

Amen to That!

An elderly couple, admitted by St. Peter through the Pearly Gates, found conditions there just heavenly. Said the man to his wife, "I could have been here two years ago if you hadn't fed me all that oat bran."

'BLESSED ARE THE MEEK, FOR THEY WILL INHERIT THE EARTH.'

- *Humility is an essential quality for the virtuous, and this message runs throughout the Scriptures.*
- *Biblical writers stress that to be humble, one must recognize God's power and one's own powerlessness.*
- *In the New Testament, Jesus provided an example of true humility. "Learn from me," he said, "for I am gentle and humble in heart" (Matthew 11:29).*
- *In Matthew 23:12, Jesus preached the need for humility: "All who exalt themselves will be humbled, and all who humble themselves will be exalted."*
- *The Bible values meekness, a quality that combines humility with gentleness. The meeker the person, the closer to God he is—and the greater his reward.*

CHRISTIAN *Virtues*

Although some people despair about the lack of values in our society today, there are many traits that can guide us in our journey to achieve a Christian life. Here are virtues that will help us to cultivate a moral Christian life based on trying to live and treat others as Jesus did.

R E S P O N S I B I L I T Y P
F M G O O D N E S S D T S R P
C A H H R F S X R I E P U P S
C U I S N K D A L M R D B A H
O W C T W H Y I P V E C A T E
M T Z K H S G E A N H Q R I K
P U Z A A E R P C A Y L B E I
A Y A K N A T E S T Y E K N N
S T N C N Z V T I T T G S C D
S S E C G Y I L I R V A W E N
I E E O I T I B U H F R D Z E
O N U C Y M O S Q E D U T J S
N O E O U R T I U R P O O B S
B H I H P Y T I R A H C S J S

GOODNESS
CHARITY
PRUDENCE
PROBITY
PATIENCE
TRUST
RESPONSIBILITY
COMPASSION
COURAGE
HONESTY
TEMPERANCE
CHASTITY
KINDNESS
HUMILITY
DILIGENCE
FAITH

Serving GOD

Deuteronomy 11:13 tells us: "Obey the commands that I have given you today; love the Lord your God and serve Him with all your heart." God has provided us with guidance in the ways that He expects us to serve Him and to behave towards others. Here are ways to show your love for God.

C	H	T	A	B	B	A	S	E	H	T	P	E	E	K
F	O	R	G	I	V	E	P	R	Q	P	H	X	R	X
V	F	K	O	L	O	V	E	G	H	J	A	M	Z	E
O	V	G	G	U	P	T	E	O	O	C	Y	L	N	Q
L	W	M	K	Y	V	R	T	V	Q	L	A	C	L	Y
U	R	O	G	K	A	C	P	L	I	K	O	E	K	W
N	V	D	D	H	N	Y	U	M	I	U	Q	N	T	Z
T	D	S	S	V	G	F	A	E	R	E	L	D	C	P
E	U	I	W	I	Y	F	V	A	S	Q	D	N	B	D
E	C	W	Q	O	E	I	G	L	U	P	R	A	Y	N
R	B	K	J	V	G	E	E	R	U	H	R	F	Q	V
A	P	E	R	E	L	P	M	A	X	E	D	O	O	G
N	B	E	H	C	R	U	H	C	D	N	E	T	T	A
L	S	S	K	S	Y	A	S	D	O	G	S	A	O	D

PRAY
DO AS GOD SAYS
ATTEND CHURCH
SEEK WISDOM
BE JOYFUL

GOOD EXAMPLE
KEEP THE SABBATH
SHARE
SERVE FAMILY
VOLUNTEER

ENCOURAGE (others)
LOVE (each other)
GIVE (offerings)
TEACH (others)
FORGIVE (others)

CHRISTIAN *Courage*

Joshua 1:9 reminds us: "Be strong and courageous. Do not be frightened, and do not be dismayed, for the Lord your God is with you wherever you go." Because God is always with us, we should be willing to be brave. What are other terms for Christian courage?

F U T I C O N Q U E R U D N E
O E C R D N O I T C I V N O C
R D X X U I U P L R C N I C S
T A E F R S M R I F D N A T S
I S Z D T L T U N U R V R G O
T U I R R Q Y I E B O E R O K
U R R A A E Z T N V N E P Q R
D C T U E B L X I G A M L W N
E Q T G H G M G T R O R Q W D
C E A N E N U H G R G D B E L
F V E O K I P W O U Y E G E U
B V F E A R O L A V R U T H B
E T E B T A W N Z P X T Z N N
F P D U I D F W B Q O E S E I

DARING
ENDURE
FORTITUDE
VALOR
INTEGRITY
BE BRAVE
STAND FIRM
CRUSADE
CONVICTION
STRUGGLE
TRUST IN GOD
BE ON GUARD
TAKE HEART
CONQUER (fear)
(summon) STRENGTH
DEFEAT (opposition)

Profiles IN CHRISTIAN COURAGE

Converting to Christianity in the New Testament era required true bravery and courage, as it was not a popular thing to do. Christians were often persecuted or even put to death when they became true believers. Here are some of those brave early converts.

V	T	Z	R	L	L	E	W	T	A	N	A	M	O	W
Q	P	R	I	S	C	I	L	L	A	Y	M	N	H	B
F	E	E	S	U	M	I	S	E	N	O	K	K	L	C
F	Y	A	P	O	L	L	O	S	K	I	A	I	M	A
V	I	M	K	S	T	J	B	P	S	U	N	T	Q	C
Y	L	T	D	J	E	S	V	M	D	D	J	U	O	S
O	M	Y	X	H	E	V	U	L	B	Y	I	R	A	S
D	A	B	D	U	J	I	C	E	O	L	N	U	U	V
A	T	V	H	I	Z	V	G	H	A	E	L	S	U	B
N	T	G	U	P	A	G	C	S	L	H	A	N	H	F
N	H	Y	O	G	A	U	T	I	X	N	C	D	G	N
A	E	R	H	R	N	T	U	A	N	D	Y	C	C	K
O	W	A	H	U	Z	S	B	A	E	F	E	U	A	R
J	C	M	E	S	T	P	A	U	L	U	S	A	Y	Z

BLIND BEGGAR
PRISCILLA
ZACCHAEUS
MATTHEW

APOLLOS
SUSANNA
JOANNA
LYDIA

ONESIMUS
SAUL
CORNELIUS
AQUILA

WOMAN AT WELL
MARY (Magdalene)
(Sergius) PAULUS
(Ethiopian) EUNUCH

TRUE MEANING OF *Kindness*

We are reminded in Ephesians 4:32 that "On the contrary, learn to be kind to one another, tender-hearted, forgiving one another, just as God in Christ has also forgiven you." Here are qualities associated with true kindness.

O D T O L E R A N C E S Y O S
A E G O E N O I T E R C S I D
B I E H E T A R E D I S N O C
S W N S U A E D U T I T A R G
S K T C E M W V Y H T A P M E
E Q L V L R B M T C E P S E R
N Y E O Z U E L L K P H P P Y
E S N Z O O S N E K E B E P N
V E F C J I N I I N O C K F X
I T X L T U B D V T E Y A Y Z
G R F Y G F L O X E Y S H R O
R U G N I M U S S A N U S P G
O O X S S E N S S E L F L E S
F C H D B N E R U S O P M O C

COURTESY
EMPATHY
CONSIDERATE
COMPOSURE
GENTLE
FORGIVENESS
UNASSUMING
SELFLESSNESS
DISCRETION
TOLERANCE
INCLUSIVE
HUMBLENESS
GRACE
SERENITY
GRATITUDE
RESPECT

WHAT DOES *Kindness* LOOK LIKE?

Joshua 2:12 informs us to "Show kindness to my family, because I have shown kindness to you." Even the smallest act of kindness can mean so much to the recipient of the gesture. Here are things we can do for each other every day that can make a huge difference.

S	O	U	P	K	I	T	C	H	E	N	T	J	V	F
Z	R	A	N	I	R	O	O	D	D	L	O	H	O	L
S	O	N	C	I	V	S	J	E	T	S	B	O	O	H
R	T	I	O	P	G	T	Y	U	V	O	D	C	D	B
E	U	M	A	I	A	M	P	O	L	P	A	T	L	Y
T	T	A	C	Z	C	A	X	L	A	L	N	O	R	L
T	Y	L	H	A	H	O	E	N	L	E	O	E	I	S
I	C	R	I	N	U	H	T	I	M	D	E	S	M	A
L	A	E	N	I	Y	R	B	I	D	T	T	I	Z	C
G	R	S	G	A	Y	R	L	O	N	E	L	A	P	L
A	E	C	S	J	A	P	N	U	N	E	F	R	P	H
B	T	U	D	R	M	O	L	I	X	E	J	V	R	H
B	I	E	Y	O	R	O	Y	E	F	Q	N	J	A	W
S	L	L	C	J	V	M	E	T	I	L	O	P	E	B

BAG LITTER
HOLD DOOR
YMCA
FOOD PANTRY
SAY HELLO
VOLUNTEER
LISTEN
SOUP KITCHEN
SMILE
COACHING
BLOOD DONOR
COMPLIMENT
LOCAL LIBRARY
LITERACY TUTOR
ANIMAL RESCUE
BE POLITE

THE MEANING OF *Charity*

Acts 20:35 tells us: "In everything I did, I showed you that by this kind of hard work, we must help the weak … 'It is more blessed to give than to receive.'" Charity is the virtue of giving without expecting anything in return. Here are qualities associated with Christian love and charity.

T E B R G E N E R O S I T Y S
R D V Y H E C E R I F E Z E P
E E D S H A R I N G C G L H M
V D S M W H B B M N A F I Y A
I N A C U Z X R E R L L E L G
G A E Y U L B L W E A C M D N
L H J L P E O D S N N S M H A
U N H R P V E S T A G S A X N
F E R D E T S H T I I B W H I
R P X N A E R S V U A F O U M
E O E N R O I I R W U T D D I
E B O V P S N T C G K F F P T
H D I Y S G L X M O H R O I Y
C C Y A X A T L L I W D O O G

BENEVOLENCE
SHARING
PHILANTHROPY
ALTRUISM
GOODWILL
GIFT
SELFLESS SERVICE
ALMSGIVING
DONATE
CHEERFUL GIVER
RESCUE
MAGNANIMITY
OPENHANDED
ASSISTANCE
GENEROSITY

ACTS OF KINDNESS AND *Mercy*

Proverbs 28:27 tells us: "Whoever gives to the poor will lack nothing, but those who close their eyes to poverty will be cursed." The Bible provides us with many examples of kindness and mercy. Indeed, the "Works of Mercy" are exemplary. Do you maintain these practices?

I	W	F	C	C	D	V	B	M	S	T	O	F	V	G
N	N	E	X	O	R	X	D	S	D	B	F	W	I	Y
S	W	E	C	C	U	Q	M	C	K	J	F	V	Q	K
T	B	D	M	N	Y	N	G	B	X	G	E	P	G	P
R	R	T	A	F	S	M	S	K	Q	S	R	T	R	A
U	E	H	W	U	M	G	X	E	H	J	S	A	D	U
C	T	E	C	S	G	Y	N	E	L	R	Y	M	F	L
T	A	H	U	E	D	L	L	O	T	W	O	H	H	P
R	W	U	G	J	V	T	A	S	R	N	Y	N	Q	V
O	E	N	U	Y	E	I	A	P	I	W	E	V	E	C
F	V	G	L	R	P	G	G	S	H	Y	R	R	V	G
M	I	R	C	A	C	L	H	R	B	I	Y	A	J	T
O	G	Y	W	K	Z	M	K	C	O	F	P	K	E	L
C	L	P	L	E	H	K	O	O	F	F	J	P	M	B

FEED THE HUNGRY
GIVE SHELTER
HELP (the sick)
PRAY (for others)

ADMONISH (sinners)
COMFORT (the afflicted)
FORGIVE (offenses)
(give) COUNSEL

INSTRUCT (the ignorant)
BEAR WRONGS (patiently)
OFFER (clothing)
GIVE WATER (to the thirsty)

Sainthood

Saints are former human beings awarded sainthood in honor of their devotion to God and other achievements. We know of the self-sacrifice that many saints made in service to God and the poor, such as Mother Teresa. Here are others who became saints.

H W C F R E H P O T S I R H C
V G Y M E X H X J E M O R E J
P A U K R A G E E L A Q Y L E
N A L L R R T J C M I R P E C
P Q U E E G W J T A O I Z N A
E A S L N W E H Y G F L Z D T
D L D W R T L N E O O I O X S
U U D A K D I R I K C Y N P U
J S A T U O G N C T C F R O E
I R H G A B R I E L S M W A B
N U T V M M R W T Z E U K J M
F J A B B T T W Z M S D G M L
H W G N A U X C M F Y U E U R
O R A P R T X S Z V D L W B A

JUDE
PAUL
EUSTACE
VALENTINE
CHRISTOPHER
HELEN
AGATHA
JEROME
AUGUSTINE
URSULA
PATRICK
GREGORY
BONIFACE
(Venerable) BEDE
(Archangel) GABRIEL
MARY (Magdalene)

EARLY CHRISTIAN *Martyrs*

Biblical martyrs were true believers who were often tortured and then killed as a result of their belief in Christianity and their refusal to renounce their faith. The stories of these martyrs, who were persecuted by ancient pagans, are found in many books of the Bible.

L	L	Z	Q	M	T	L	P	N	E	H	P	E	T	S
C	L	E	I	X	O	H	A	I	R	A	H	C	E	Z
E	Z	M	D	P	L	J	M	I	R	Z	B	P	N	K
C	A	W	G	R	Z	Z	A	Q	H	A	I	R	U	C
I	A	N	D	R	E	W	U	M	Q	R	J	V	D	I
L	M	Q	Z	B	C	O	T	C	E	S	E	N	G	A
I	A	E	R	U	H	C	W	T	J	S	N	M	V	B
A	U	Q	H	U	Z	S	E	L	R	U	W	O	I	C
F	R	I	E	D	A	P	X	A	H	A	I	A	S	I
G	A	N	N	P	N	T	H	B	F	Y	L	U	A	P
Z	E	U	I	O	E	T	F	N	G	T	Y	A	H	O
F	L	T	M	F	A	S	C	P	E	F	M	C	W	K
E	N	I	Q	G	X	Y	H	T	O	M	I	T	U	Q
A	S	L	A	Y	W	Q	C	K	C	D	Y	B	Y	L

CECILIA
MAURA
TIMOTHY
ISAIAH
SIMON PETER
URIAH
ZECHARIAH
LUCY
STEPHEN
JAMES
ANDREW
ANTIPAS
AGNES
PAUL
AGATHA

TRUE HOPE COMES THROUGH *Christ*

Biblical hope is the expectation that God will fulfill the promises He has made to His faithful. God calls this "living hope." God possesses all the power needed to fulfill His promises—can you name them?

S O B V F H F C S U E D I U G
E H S E C N A H C D N O C E S
C D O N T R U H E V I V R U S
U L E P O Z N S G F Z K B E Z
R B D L E I C O E M N M F Q J
E W H Q I P T K I O E I D B C
R V O R T V U C I T L U Z T H
E A E X U V E S E L A Y F A A
S X V K Q X S R A R J V B Y N
T G I D Q A E N A L R C L B G
T S G B P U R Q A N O U U A E
D Q R M W E X U E C C V S D S
G S O S T R M N E C V E E E C
L C F E B A T O W A I A I J R

GUIDE US
HOPE
LOVE
ETERNAL LIFE
COMPASSION
SURVIVE HURT
DELIVERANCE
CHANGE (your life)
FORGIVE (the past)
SECOND CHANCES
RESURRECTION
SALVATION

TRANSFORMATIVE HOPE OF 'Amazing Grace'

1 Peter 1:13 reminds us to "Set your hope fully on the grace that will be brought to you at the revelation of Jesus Christ." The verses of "Amazing Grace" inspire us to believe in hope and remind us that it is a major part of our faith. Here are some of its poignant words.

E	K	G	B	A	B	D	W	V	R	K	Y	O	J	S
F	S	Q	O	A	Y	R	I	E	J	W	V	X	A	C
B	E	U	G	D	E	P	L	D	F	C	O	V	Q	M
J	C	D	D	T	S	I	F	Q	X	A	E	M	B	D
L	U	J	C	H	E	P	L	R	D	D	E	P	C	N
V	R	H	F	V	C	K	R	S	C	X	P	E	T	U
S	E	M	E	O	C	D	P	A	T	H	O	A	Z	O
D	S	D	T	O	K	J	E	V	I	K	H	C	H	F
X	C	Y	S	O	U	N	D	V	F	S	Z	E	J	U
K	A	U	B	V	W	T	J	J	E	D	E	N	E	G
D	E	L	T	O	Y	W	I	Y	Q	I	N	R	N	T
F	K	S	E	R	L	U	V	K	Z	H	L	I	N	B
Z	O	E	I	X	R	A	E	F	X	F	G	E	L	D
L	S	K	K	T	E	E	W	S	P	O	T	W	B	B

BELIEVED
WRETCH
HOPE
RELIEVED

LOST
SWEET
FEAR
SAVED

SECURES
BLIND
GOD'S PRAISE
SOUND

FOUND
SEE
JOY
PEACE

WHAT DO WE CALL TRUE *Believers*?

In the Bible, true believers are identified in many wonderful ways, such as the "heirs of salvation" in Hebrews 1:14. In this word search, can you find other terms used in the Bible to describe true Christians?

B C H R I S T I A N S O G B B
R K E L S K O C P V M B U R B
P R D I W T J B D K E P O P D
A C V G V J Q L E L B T N H K
X H P H M O R T I D H K F J T
Z F T T E H Z E B E I I X Z O
S H W B L A V N R Z K E F J L
I L U U U E E S M X F O N Z W
S V N Q R R X W X S G C C T F
T D Y S D E F A B I H L X B Y
E J Z L Q Z X Y L D O G E H T
R K I C N U O X Q A S R I E H
S H T R A E E H T F O T L A S
C H O S E N H U E S I M O R P

BROTHERS
SISTERS
BELIEVERS
CHRISTIANS

CHILDREN (of God)
CHOSEN (people)
OBEDIENT (children)
THE GODLY

HEIRS (of promise)
SALT OF THE EARTH
LIGHT (of the world)
(children of the) PROMISE

CHRISTIAN *Obedience*

Hebrew 5:8–10 tells us that Jesus "Learned obedience from what he suffered and, once made perfect, he became the source of eternal salvation for all who obey him." The Bible teaches us the importance of obedience, and here is some of what the Bible recommends.

K	B	G	N	I	H	C	T	A	W	E	N	O	O	N
C	L	E	A	R	C	O	N	S	C	I	E	N	C	E
F	E	P	U	Z	G	T	T	G	L	X	T	R	L	N
L	S	J	U	I	I	R	X	D	Z	R	Y	S	E	O
O	S	I	Q	E	X	N	E	E	A	V	I	C	B	S
H	E	N	Y	N	U	T	O	E	S	R	E	E	R	B
C	S	Y	H	Y	A	G	H	I	B	S	Y	S	N	F
E	O	H	E	V	P	E	O	C	S	G	F	P	C	D
R	D	W	I	B	H	N	I	A	O	I	N	K	E	Q
W	R	T	B	T	Q	Q	R	D	J	H	C	I	C	R
A	O	A	M	Y	P	Y	L	S	R	P	E	E	W	Q
M	N	O	H	E	S	I	T	A	T	I	O	N	D	T
J	R	Q	L	K	F	O	O	R	P	I	D	M	O	A
F	P	Y	C	K	P	N	G	T	O	Y	Y	K	W	D

A DECISION
NO HESITATION
KEY (to long life)
NECESSARY (to follow)
MOTIVATED (by faith)

(comes) FROM THE HEART
OBEY GOD (not men)
PROOF (of God's spirit)
DONE (wholeheartedly)
BLESSES (those who delight in it)

(results in a) CLEAR CONSCIENCE
(done even when) NO ONE WATCHING

Justice IS LOVE

The Bible equates justice with love. In Micah 6:8: "What is good; and what does the Lord require of you but to do justice, and to love kindness, and to walk humbly with your God?" We are asked to follow God's word and do what is just. Here are terms we use today about justice.

F E Z F Z Y Y T I R G E T N I
A Q E X P G R Y Y E U N I H O
I U H T U R T F T T E V E B E
R A O W Q G J A J I S G J T K
H L H J Z M M C Q V L E D R I
P I U P C I A C S Z C I N U M
L T K O T Z D S F T E E V O J
V Y D I S D E E I J X D U I H
J E G P C N X V A H N G L R C
H E N B T O I N B U S Y Q W Y
L M L H G T U F C V Y E Q T R
Q W G I Y P C R W H X V L S T
K I U K T O O B T A M L K U M
R M I M P A R T I A L J U J R

JUDGE
IMPARTIAL
CODE
HONESTY
EQUALITY
RIGHTNESS
INTEGRITY
JUST
LEGITIMATE
RULES
TRUTH
OBJECTIVITY
COURT
CIVILITY
LAW
FAIR

THE *Judges* OF ISRAEL

The Judges of Israel were described in the Bible (predominantly in the Book of Judges) as those who served, often as military leaders, and led their nations. Here are names of some of those who served the Lord.

U	W	A	O	N	M	A	F	Y	N	O	E	D	I	G
E	A	Z	T	B	E	B	Z	T	Z	W	R	M	H	D
L	B	T	H	M	B	D	R	O	C	E	Q	K	E	G
I	I	C	N	K	Y	O	Y	L	P	K	H	B	X	N
R	M	W	I	U	A	N	R	A	X	T	O	Q	X	S
F	E	A	E	M	B	L	C	K	O	R	U	H	A	K
R	L	I	L	E	H	U	S	H	A	T	K	M	P	A
F	E	K	B	H	H	A	G	H	Y	M	U	J	T	X
Z	C	W	F	Z	N	L	H	V	U	E	K	Q	S	O
L	H	E	V	O	A	O	R	T	L	L	Z	O	I	E
D	K	L	L	T	M	N	S	W	H	B	R	U	S	T
U	X	O	W	H	M	X	J	M	E	P	N	I	V	F
H	M	N	V	A	V	R	P	E	A	A	E	E	A	O
E	Y	S	H	A	M	G	A	R	P	S	H	J	K	J

JEPHTHAH
JAIR
DEBORAH
SAMUEL

ABIMELECH
EHUD
ABDON
IBZAN

ELON
GIDEON
SAMSON
SHAMGAR

ELI
OTHNIEL
TOLA

TEMPERANCE AND *Moderation*

Proverbs 14:29 informs us that "Whoever is slow to anger has great understanding, but one who has a hasty temper exalts folly." God urges us to avoid excessiveness and to be moderate. Here are behaviors to emulate.

C H A S T I T Y P T P Q K M Q
M R X M S N O I T A R E D O M
T L F R E D U T I T R O F D S
N W O E L C O M P O S U R E S
O E E A F W J A B V S J N S S
I C C S C X T U Q I V F P T C
T N N O O G H N K H O U O Y A
E E A N N J I B I V K I I T U
R D L A T X H M O A C D S I T
C U A B R J Z J W I R N E G I
S R B L O V M E S B Z T M M O
I P E E L E L M A J O S S H U
D C A L M N E S S U U S F E S
S E L F D I S C I P L I N E R

MODERATION
PRUDENCE
COMPOSURE
CAUTIOUS
FORTITUDE
REASONABLE
STOICISM
POISE
DISCRETION
BALANCE
RESTRAINT
MODESTY
CHASTITY
SELF-CONTROL
SELF-DISCIPLINE
CALMNESS

BIBLICAL *Journeys*

From following Noah's descendants as they traveled from Mount Ararat to Babel to chronicling Moses' trek out of Egypt to Midian, the Bible is filled with stories of people on amazing journeys.

Y	K	S	I	L	A	S	A	M	A	H	A	R	B	A
L	G	A	I	Z	E	R	E	H	O	B	O	A	M	J
S	E	J	A	O	A	N	H	U	R	V	J	U	C	B
U	M	E	W	B	S	Y	K	A	X	U	S	L	A	A
X	V	S	I	J	E	L	Q	T	K	P	T	R	W	Y
C	L	U	M	H	N	H	I	S	R	E	N	H	N	M
R	Q	S	U	A	H	R	S	B	N	A	B	J	I	W
N	Y	P	M	P	B	F	V	F	B	Z	L	E	E	I
U	J	A	E	O	Y	P	V	A	O	E	F	N	R	S
D	A	S	C	R	I	Q	S	D	O	N	L	A	I	E
N	O	A	E	L	C	W	M	I	V	L	E	Q	M	M
J	J	T	I	Z	O	E	G	V	Q	A	U	E	U	E
L	E	H	G	Q	W	H	O	A	Y	Y	C	A	U	N
P	P	W	L	J	R	Q	C	D	Q	H	R	J	P	Q

PHILIP
NAAMAN
SILAS
PETER

RUTH
JACOB
ABRAHAM
BARNABAS

JESUS
JOSEPH
REBEKAH
REHOBOAM

WISE MEN
DAVID
PAUL
QUEEN OF SHEBA

COUNT YOUR *Blessings*

"Count Your Blessings" is a wonderful hymn that reminds us to be grateful. We are lucky to be able to count our blessings while bathed in God's love. Can you find the words from the beloved verses?

L J H T A H F E N O Y B E N O
A W O R D W W Q Z J L L V T B
N H H K S N V Z D Y Q E R E I
G R V E K Y O C O W D S H M L
E P K I A P I C X N C S L P L
L E Y E L V Z R E U M I B E O
S N U Q G E E S O P F N N S W
D O N E P Z Y N G O M G J T S
K G L X M E C N E D P S D C D
Y T Z W N Y I Q P E T R R G N
M F N R J G V D Y S S V A W E
J W U U N O O S R S O C W C T
U O V I O C K P M O L I E A T
J Z S I W C K E S T L A R B A

REWARD
TOSSED
JOURNEY'S END
LOST
ANGELS
TEMPEST
SINGING
LORD
BILLOWS
HATH
HEAVEN
ONE BY ONE
BLESSINGS
ATTEND
COUNT
DONE

THANKS BE TO *God*

Psalms 100:4–5 tells us: "Enter His gates with thanksgiving, and His courts with praise! Give thanks to Him; bless His name! For the Lord is good; His steadfast love endures forever." Here are some suggested words for prayer.

T	G	R	A	C	E	A	V	X	P	T	N	X	R	Q
N	J	S	F	L	A	M	E	N	V	U	K	D	E	H
O	O	R	T	A	T	Y	E	W	C	J	D	J	J	O
I	Y	Z	R	E	T	S	U	X	G	H	Y	O	O	L
T	E	H	I	P	W	R	A	G	U	N	D	N	I	Y
A	Y	A	B	S	N	F	N	F	O	L	I	I	C	N
C	D	S	U	Z	M	I	E	I	D	L	T	N	E	A
I	W	U	T	G	S	P	T	V	H	A	T	S	Q	M
L	N	Z	E	S	M	A	R	P	Z	P	E	X	G	E
P	O	A	E	E	C	V	O	R	J	E	P	T	Z	H
P	B	L	E	O	J	W	O	R	S	H	I	P	S	E
U	B	T	V	A	N	O	I	T	A	T	L	A	X	E
S	S	N	P	W	L	H	Y	T	H	G	I	M	L	A
E	I	M	X	N	O	I	T	C	I	D	E	N	E	B

ALMIGHTY
STEADFAST
EXULTS
HOLY NAME
BLESSING
EXALTATION
REJOICE
AMEN
WORSHIP
ESTEEM
BENEDICTION
INVOCATION
TRIBUTE
GRACE
JOY
SUPPLICATION

SECTION 5

THE WORD OF *God*

AT THE HEART of the Bible is the word of God. It is through His word that God revealed His will and purpose in humankind. God often chose a specific person, such as a prophet, to hear and convey His word. To deliver His covenant laws, God spoke directly to Moses, who "wrote on the tablets the words of the covenant, the Ten Commandments" (Exodus 34:28).

In the New Testament, the phrase "the word of God" often signifies the Christian message preached by the Apostles and others. The word searches in this section focus on the Scriptures and their teachings. It is said most astutely in Proverbs 30:5: "Every word of God proves true; He is a shield to those who take refuge in Him."

"See if I will not open the windows of heaven for you and pour down for you an overflowing blessing."

—Malachi 3:10

BLESSED ARE THE PURE IN HEART...

- *Blessings can be either spiritual or material.*
- *The "blessed" person is in a state of happiness, enjoying health, prosperity and long life.*
- *Such blessings are a sign not only of God's favor but also of God's presence in the world.*
- *Mortals do not actually possess the power to confer blessings, so they must call upon God for them.*
- *Even those people who are materially poor may possess spiritual blessings far greater than anyone can imagine. Jesus articulated this paradox: "Blessed are you who are poor, for yours is the kingdom of God" (Luke 6:20).*

BIBLE DEFINITIONS

BELIEVER In the New Testament, someone who believes that Jesus is the Messiah

BYWORD An object of derision; usually applied to an individual who has incurred the wrath of God

DOUBLE-MINDED Wavering in thought; having doubts; having divided convictions or loyalties

DOUBLE-TONGUED In the original Greek, to repeat oneself; in 1 Timothy, to speak insincerely or inconsistently, such as to different listeners, or to be hypocritical

OBJECT OF HORROR A people or territory punished by God, resulting in such grave devastation as to horrify observers

OBLATION A sacrifice or offering

PROSELYTE A new convert. In the Bible, the term specifically refers to a convert to Judaism

SAGES Wise men; often officials of the royal court

SEER A prophet; one who receives a message from God. In some biblical passages, it refers to someone who offers advice to a leader

VIRTUE A quality considered desirable in a person, such as courage, justice or self-control, as defined by Platonism and Stoicism ■

Q *What is a psalm?*

A *From the Greek word **psalmos**, meaning "song," a psalm is a poetic song of praise, prayer, lament or reflection. Often exquisitely composed, the psalms are among the most beautiful writing in the Scriptures. Psalms vary in terms of purpose and content. They include hymns or songs of praise, which call people together to praise the Lord, psalms of thanksgiving and psalms of lament.*

Amen to That!

During a Sunday service, the pastor asked the congregation for their intentions. We heard the usual requests to pray for sick people and the acknowledgments for those who helped when a parishioner died. The somber mood was broken when the last intention was heard.

A woman stood up and said, "My granddaughter turned 16 this week and received her driver's license. Let us pray for us all."

Hallowed BE THY NAME

God is known by many names in the Bible. Can you find some of these other terms for God in this word search?

D R G W A I U D R E H P E H S
R I E B C L H N W P G B W Q M
K K V D Q G M T R M C X R Q A
G C C I E N B I S E T C E O S
K R A L N E O Z G O K M H V T
O E G U J I M Q H H H A T P E
S A U Y P B T E Q A T A A D R
S T W G M W C Y R H I Y F R Y
E O J I J G R E R E V I L E D
N R L L P C J V N D P V T V O
I M E S S I A H H A V O H E J
L V P G N I E B E M E R P U S
O R X S A V I O R K I N G J I
H H O L Y S P I R I T W P N Z

MESSIAH
FATHER
SUPREME BEING
CREATOR
KING
SAVIOR
HOLINESS
SHEPHERD
HOST
ALMIGHTY
DIVINITY
JEHOVAH
HOLY SPIRIT
MASTER
DELIVERER
REDEEMER

IN THE *Beginning*, GOD'S CREATION

Genesis 1:1 tells the story of Creation: "In the beginning, God created the heavens and the earth." Can you find items in the list below of "all that he had made"?

Y	D	L	N	N	A	M	O	W	D	N	A	N	A	M
A	M	A	I	Z	M	R	W	O	S	T	N	A	L	P
Z	L	J	F	G	W	E	S	D	N	Y	O	M	B	K
Y	Y	L	G	I	H	S	U	S	I	W	A	E	F	B
X	L	M	C	N	P	T	J	T	G	M	I	D	U	D
N	S	O	L	R	P	V	T	M	H	B	Y	L	D	H
U	N	O	Q	J	E	R	G	O	T	J	S	W	S	O
S	I	N	U	W	B	A	R	S	I	H	N	Y	Z	Q
S	A	S	Y	N	S	M	T	T	Y	R	D	X	K	Y
E	T	V	H	P	S	R	O	U	M	D	K	N	H	S
O	N	H	L	T	E	S	U	Y	R	T	H	C	A	B
L	U	D	T	T	R	T	F	Y	T	E	V	J	Y	L
G	O	I	A	J	Z	A	C	F	B	R	S	A	J	D
O	M	W	V	T	J	C	E	S	N	O	S	A	E	S

LIGHT
DAY
NIGHT
WATER

SKY
EARTH
LAND
MOUNTAINS

PLANTS
SUN
SEASONS
MOON

ALL CREATURES
MAN AND WOMAN
REST

OTHER *Names* AND TITLES FOR JESUS

The Bible tells the story of our Lord Jesus Christ; his life, his leadership, his death and Resurrection. Jesus has many, many titles. Here are just some of his names and references.

D I W W I O C P N O I L U W M
W A A I M G C L J Y Y E J C S
A N S M T E I D O G F O N O S
O O M H B N D W R A F M I D X
X I E W T I E I T O V D N F B
L N Q A S D N S A M W P R R P
A T P X E O T E S T K E E I N
S E G T I G Q S T N O A H M E
T D D M R F H T J A D R D T N
A O A I P O M T S U C Y Q X A
D N G O H B K I H I P O V C H
A E E Y G M N P T G R N V Z P
M E M F I A Y B U N I H T D L
L X O T H L Q F G Z I L C F A

LAMB OF GOD
I AM
CHRIST
MEDIATOR
LAST ADAM
ANOINTED ONE
WITNESS
BREAD (of life)
ADVOCATE
ALPHA
OMEGA
THE WORD
HIGH PRIEST
LIGHT (of the world)
SON OF GOD
LION (of the tribe of Judah)

Symbols AND EMBLEMS OF CHRIST

When we think of the many symbols of Christ, some that spring to mind are "shepherd" or "dove." Or "Alpha and Omega." But there are other perhaps unfamiliar emblems of Christ mentioned in the Bible. Here are other lesser-known motifs.

V	I	N	E	P	F	M	M	B	P	M	T	O	O	R
J	F	W	A	N	C	H	O	R	R	G	H	C	F	R
Q	W	E	C	K	Z	T	B	V	E	C	Q	B	O	F
H	Y	A	R	X	G	O	O	W	C	D	E	C	Q	N
L	Z	G	N	E	Z	E	Q	H	I	N	K	S	P	F
E	E	L	K	C	L	Z	E	W	O	X	U	X	U	D
S	Y	E	O	P	Z	N	G	T	U	N	Z	Q	K	T
P	P	Q	M	O	R	H	S	W	S	H	G	P	N	R
F	K	E	T	X	P	R	U	Q	S	F	E	L	O	U
J	T	W	H	T	E	V	H	T	T	H	Y	S	I	D
B	X	L	H	N	E	O	D	I	O	R	E	O	L	A
S	C	G	R	D	Z	R	S	R	N	C	Y	D	Y	E
A	I	O	P	O	L	Y	U	R	E	B	W	V	O	R
L	C	S	O	F	S	S	Z	Q	I	F	L	A	C	B

ANCHOR
EAGLE
BREAD
HEN
LIGHT
LION
OX
ROCK
ROSE
CORNERSTONE
TEMPLE
VINE
PRECIOUS STONE
SUN
CALF
ROOT

Teaching, AN HONORABLE PROFESSION

Teachers are often cited in Scripture. For example, the Apostle Paul taught the word of God and gave his criterion "able to teach" in 1 Timothy 3:2. Here are names of some teachers mentioned in the Bible.

M A N A E N E M B D S U S E J
Q R M Q J K O S K A O N G B A
Z D K F K S E W V T O C C Q D
S H S Z E O Z B W E J Z U A H
U I A S K L B D M F W I V N K
I C A W W D Y I L C L I N C X
C S L R P H S S W A D U O M G
U O L D E Y N U A H D L C I F
L L I P C O H O K B A T U C A
D L C L L U T T M T A I E A L
A O S M F L X H O O W N S L P
R P I H W V X K V M L T R O W
Z A R J Q D N U B W I O G A J
E T P M H L E U M A S T S U B

MOSES
SAMUEL
DAVID
SOLOMON
JOSIAH
EZRA
JESUS
BARNABAS
SIMEON
LUCIUS
MANAEN
PAUL
APOLLOS
AQUILA
PRISCILLA
TIMOTHY

Who CAN YOU TURN TO?

When it comes to questions about issues that affect your life, family and community, or that shape your faith and relationship with God, you need to have a network of people willing to help and guide you through any concerns. Here is a listing of potential resources.

G	Y	I	O	Z	X	U	K	D	H	A	M	A	H	P
O	R	U	K	X	Q	S	D	N	E	I	R	F	A	P
S	T	A	O	W	E	B	S	I	T	E	S	S	R	P
C	E	Y	N	B	P	N	J	Z	B	D	T	A	V	P
H	A	N	K	D	I	U	Z	M	W	O	Y	H	A	J
O	C	X	X	K	P	K	O	I	R	E	G	R	A	A
L	H	M	R	N	J	A	A	R	R	X	E	H	K	H
A	E	F	E	I	V	A	R	L	G	N	N	L	H	C
R	R	N	Q	A	C	M	X	E	T	E	D	M	L	U
S	E	O	R	L	W	E	L	S	N	P	L	E	W	Y
M	L	C	E	P	Q	S	M	I	V	T	R	B	M	H
S	B	A	D	A	S	K	O	O	B	G	S	O	I	R
B	I	E	L	H	C	D	U	M	Y	B	X	B	R	B
P	B	D	E	C	E	L	I	H	C	R	U	H	C	X

PRAYER
PARENTS
PASTOR
DEACON

ELDER
FRIENDS
BIBLE
TEACHER

CHURCH
BOOKS
GRANDPARENTS
BIBLE GROUP

WEBSITES
SCHOLARS
CHAPLAIN
CLERGY

Psalm 41

Psalm 41:9 is believed to be about betrayal. "Familiar friend, in whom I trusted, which did eat of my bread, hath lifted up his heel against me." Here are words from this verse that might resonate if you've ever felt the sting of duplicity.

M E L B U O R T G V S U U S E
B L E S S E D F A I M M B F H
E N E M I E S Z N S S N M M U
R G V L G H L N Q S Y F W V R
J E N I H N E R H P M U I R T
D B Q I N D I K R E V I L E D
D G L U H T O T K E R D W K D
P X Y U I S E F S O P Q R G H
U E R E F T I G L A W S F M B
M W R R T I E U R X L V I E E
I E G I E E C H G I A R Q H T
X M A T S X A R V N T M E A W
I Q A A I H R W E P A Y R V J
W H D E V I S E D M L L I X E

TROUBLE
DELIVER
ENEMIES
LANGUISHING
MERCIFUL
SINNED
PERISH
HATE
WHISPER
DEVISE
HURT
REQUITE
TRIUMPH
INTEGRITY
BLESSED
EVERLASTING

Psalm 95

Psalm 95 is a beloved passage that expresses praise for God. "O come, let us sing unto the Lord: let us make a joyful noise to the rock of our salvation… For the Lord is a great God, and a great King above all gods." Here are some words from this psalm that are a call to worship.

I	U	K	A	A	L	D	E	V	C	A	K	P	T	G
G	M	N	C	Z	B	O	O	P	F	G	R	H	Y	Y
Q	L	E	X	K	K	B	I	W	R	X	A	L	I	M
C	J	E	T	Z	B	H	F	D	N	N	N	D	W	H
P	G	L	V	Z	S	O	L	Q	K	F	A	R	I	S
L	A	I	H	R	I	B	W	S	X	Q	K	L	T	A
P	S	S	O	X	O	G	G	I	E	L	L	R	N	D
B	W	W	T	R	N	I	F	B	R	S	E	R	E	O
A	Y	Q	O	U	V	Y	Q	E	E	N	K	Z	G	H
S	L	M	M	I	R	P	B	E	G	R	K	S	W	A
E	W	I	N	B	E	E	K	T	C	K	O	R	I	D
D	K	G	A	E	O	A	H	D	H	I	D	F	R	H
A	P	E	H	W	L	Z	W	C	C	J	O	Z	E	H
M	S	S	S	Q	D	Z	G	H	E	A	R	V	W	B

THANKSGIVING
STRENGTH
HILLS
SEA

HE
MADE
WORSHIP
BOW

DOWN
KNEEL
BEFORE
PASTURE

SHEEP
HEAR
HIS
VOICE

GOD'S *Words*

Despite being banned at various times, the Bible has endured over centuries to become the most revered book of all time. The Bible is God's word and in the King James Bible, there are over 750,000 words. Here is a list of some of the most frequently used nouns that might provide us with more insight into God's voice.

T V E A R T H V B B H S N O S
Q B M T T J A J M I A L U Q W
Z K A C U V D B Q Z N Y V O Z
C L N J I D D R Z N D V R Y X
T H I N G S B X O E E D M K O
G E X T W G F O F L S V I H G
O C H P K D I N N B B N A L T
D U N Y Z O N E D E G X D E E
C R C T J E R A A V V N T O H
W I I C L D T T L E H H E A T
H G D P L K C U U S Q A E D X
C B O I J S Z M Z U T R A E H
K E H R P P K U X O N O S F M
P C K N W I L T A H Q T Z H I

LORD
GOD
MAN
PEOPLE
KING
HOUSE
CHILDREN
LAND
THINGS
HAND
EARTH
SONS
HEART
HEAVEN
WORDS

IMPORTANT *Sermons*

Most Christians would cite the Sermon on the Mount in Matthew 5:7 as the most inspirational discourse. Throughout over 30,000 verses in the Old and New Testaments, who else was responsible for delivering important sermons or discourses in the Bible?

H	M	M	O	S	E	S	W	B	D	E	T	B	P	J
H	E	P	I	W	Q	Y	D	A	S	L	S	Y	A	A
A	J	J	E	A	J	V	G	A	T	I	I	N	U	M
I	Q	O	X	T	P	I	M	M	T	J	T	A	L	E
S	Z	S	G	C	E	U	U	N	J	A	P	Q	Q	S
O	H	H	I	X	E	R	E	U	Z	H	A	K	K	J
J	S	U	J	L	A	H	H	T	N	X	B	C	D	E
B	E	A	K	A	P	M	A	J	L	R	E	C	N	S
F	G	W	G	E	B	G	I	B	Z	S	H	P	O	U
U	B	T	T	N	D	H	K	Y	Y	U	T	N	M	S
D	G	S	R	I	A	A	E	F	N	G	N	O	O	P
U	N	H	V	N	G	U	Z	J	E	D	H	R	L	L
Y	A	A	O	G	K	G	E	D	Y	V	O	A	O	Y
H	D	J	T	B	E	R	H	S	T	W	J	A	S	X

AARON
MOSES
JOSHUA
SAMUEL

DAVID
SOLOMON
ELIJAH
JOSIAH

JONAH
JESUS
STEPHEN
PETER

JAMES
PAUL
HEZEKIAH
JOHN THE BAPTIST

Deadly SINS

Although the seven deadly sins are often cited, the Bible mentions more than 100 transgressions that can come between the sinner and God. Romans 6:23 reminds us: "For the wages of sin is death, but the gift of God is eternal life in Christ Jesus our Lord." Here are some of the sins mentioned in the Bible.

P O D I S O B E D I E N C E V
C R J X Q N Y M E H P S A L B
E L X S M X L Y N O T T U L G
N C A G E O Y T U L B U A Z W
V V F C S B F S H I E R O G Y
Y M U Q K D I E I D E R T A H
E K L G E O P R Y R T Y T J C
N A P E K A F R B Y C Y J K W
H Q R C R Q T M R G T O S N R
I G Q Q Q A H E E E N B P Y A
G Q O K L T K C Z R D I K Y T
M Q F O O C I L J M C I K X H
R K D L O X Q W T N L Y R A S
C I S M F K W N T S U L N P T

PRIDE
ENVY
GLUTTONY
GREED
LUST
SLOTH
WRATH
HATRED
TAKING BRIBES
MOCKERY
RAPE
IDOLATRY
LACK OF MERCY
HYPOCRISY
BLASPHEMY
DISOBEDIENCE

Galatians 6

Galatians 6:7–8 reminds us: "Do not be deceived, God is not mocked; for whatever a man sows, this he will also reap … the one who sows to the Spirit shall from the Spirit reap eternal life." Here are words from this passage, which reminds us that we must work to overcome sin and restore the spirit.

C	J	M	M	Q	E	V	O	R	P	Z	R	P	U	G
M	O	R	B	C	O	Q	T	U	T	O	G	Z	R	F
M	Y	R	E	R	T	L	U	A	F	I	I	A	L	I
G	S	J	R	S	E	W	W	A	S	M	C	E	V	T
A	L	C	D	U	T	T	L	Y	Z	E	S	Y	E	G
R	A	R	E	H	P	O	H	T	F	H	U	M	D	N
Y	H	E	K	T	W	T	R	R	P	C	P	D	E	E
S	T	A	C	E	L	F	I	E	E	T	D	B	I	K
N	E	T	O	V	A	R	M	O	E	N	M	A	F	A
E	H	U	M	I	H	F	L	D	N	Q	W	A	I	T
D	C	R	F	E	S	S	E	N	K	E	E	M	C	R
R	A	E	O	C	J	D	O	M	U	W	K	D	U	E
U	E	J	N	E	Q	Y	Y	Y	M	V	X	X	R	V
B	T	V	X	D	H	T	O	W	L	E	H	O	C	O

BRETHREN
OVERTAKEN
FAULT
RESTORE

MEEKNESS
TEMPTED
BURDENS
DECEIVETH

PROVE
TEACHETH
MOCKED
FLESH

CORRUPTION
CREATURE
CRUCIFIED
GRACE

GIFTS FROM THE *Holy Spirit*

Different kinds of gifts bestowed freely by the Holy Spirit upon believers are described in the Bible. These gifts are given to believers to glorify God, enlighten the believer and edify the church. As described in Romans 12:6–8, 1 Corinthians 12:4–31 and Ephesians 4:7–16, please find some here in this word search.

I P K L E M I R A C L E S M H
N G N I D N A T S R E D N U R
T O O G Q P J G N I H C A E T
E E W I R O V L X K M N P W G
R V L V M C G V M Y O I O H N
P A E I K X W O C I H O E T I
R N D N B C D E T S M A R X R
E G G G U S H A E E L V N L E
T E E Y I P T L R I J I F F T
A L K W O R T C N Q U V B A S
T I U R O S Y G T D E O Z I I
I S P H O E T V L M F D O T N
O M X P T O N G U E S H Y H I
N E A F I O P W A D K Y N M M

APOSTLESHIP
PROPHECY
MIRACLES
HEALING
TONGUES
INTERPRETATION
KNOWLEDGE
WISDOM
UNDERSTANDING
GIVING
EXHORTATION
MINISTERING
MERCY
FAITH
EVANGELISM
TEACHING

PSALM 119, THE *Word* OF GOD

Psalm 119 is widely considered to be one of the greatest chapters on the word of God: "Blessed are the undefiled in the way, who walk in the law of the Lord. Blessed are they that keep His testimonies, and that seek Him with the whole heart … they walk in His ways." Here are some key words from this psalm.

P	L	M	M	T	S	E	C	N	A	N	I	D	R	O
R	Q	F	K	N	R	B	L	S	E	I	C	R	E	M
E	Q	Y	R	C	R	D	Y	F	M	X	R	A	Q	H
C	C	O	M	M	A	N	D	M	E	N	T	S	E	D
E	S	A	L	V	A	T	I	O	N	J	D	A	T	X
P	M	P	W	Q	H	X	E	T	B	B	R	R	Y	E
T	I	C	B	O	Y	Z	S	T	C	T	D	E	E	H
S	N	I	M	Y	N	E	F	E	N	E	X	Y	W	F
D	Q	Z	W	G	T	D	C	C	E	C	P	R	F	J
R	T	U	J	U	S	I	R	I	C	S	I	S	S	G
O	A	P	T	P	P	T	M	O	T	F	I	E	E	U
W	A	A	H	E	Q	O	W	J	U	S	N	A	K	R
G	T	B	C	E	Z	A	A	E	Z	S	U	P	R	A
S	U	Y	G	K	L	B	Y	R	L	N	S	J	K	P

KEEP
STATUTES
RESPECT
PRAISE

HEART
HEED
WORD
REJOICE

PRECEPTS
WONDROUS
LAW
ORDINANCES

JUSTICE
MERCIES
SALVATION
COMMANDMENTS

PSALM 19, IN *Celebration* OF GOD

The Book of Psalms is so beloved because it helps Christians express love for God. The psalms are filled with beautiful language that best articulates joyful feelings of prayer and praise. Psalm 19 is a wonderful celebration of God's written word. Here are some important key words from this psalm.

U W T E S T I M O N Y R T B L
E N L I G H T E N I N G N A Q
K Z M K R O W Y D N A H N U T
A A E N D U R I N G G G W A S
M F I R M A M E N T U K B Q C
O Z P H Q E E W E A B E Y K I
O R S C C I M C G D R I Q P R
R V E I R T A E R N G Z R I C
G G P M M R K T A E J U B Z U
E N Q V E P K C T Y T Z U Q I
D O H K H E L S K F E E B S T
I R X D U E D E E O S N E B P
R T C U Y X S E I D K P O W Y
B S D B K D J R R R I K G H S

FIRMAMENT
HANDYWORK
LANGUAGE
TABERNACLE
SUN
BRIDEGROOM
SIMPLE
STRONG
RACE
CIRCUIT
TESTIMONY
ENLIGHTENING
ENDURING
SWEETER
HONEY
REDEEMER

Places JESUS VISITED

The Bible tells the story of the life of Jesus in the New Testament, and the narrative includes the names of numerous locations where he lived or traveled to. Much of his life took place in Galilee and Judea, but there were many other places as well.

M	Z	B	S	A	I	M	U	A	N	R	E	P	A	C
O	G	E	A	G	N	A	Z	A	R	E	T	H	X	O
U	O	T	M	Y	H	M	C	V	G	A	R	Z	J	C
N	L	H	A	R	K	O	W	J	X	P	R	A	R	N
T	G	L	R	A	Q	C	U	P	M	T	C	D	A	G
O	O	E	I	V	I	N	A	U	P	O	P	I	S	J
F	T	H	A	L	K	C	I	N	B	C	N	Y	D	Y
O	H	E	L	A	N	R	L	S	A	W	Z	E	G	W
L	A	M	F	C	O	J	W	G	X	W	Z	Z	K	E
I	U	F	A	T	Z	E	A	H	T	A	B	B	A	G
V	V	K	E	E	L	I	L	A	G	F	O	A	E	S
E	S	A	H	L	B	V	X	L	A	P	L	B	E	A
S	R	H	D	Y	N	A	H	T	E	B	W	B	B	D
P	B	O	C	L	L	E	G	A	H	P	H	T	E	B

BETHANY
BETHLEHEM
BETHPHAGE
CALVARY
CANA
CAPERNAUM
EGYPT
GABBATHA
GOLGOTHA
JACOB'S WELL
NAIN
NAZARETH
PRAETORIUM
SAMARIA
MOUNT OF OLIVES
SEA OF GALILEE

TYPES OF *Feasts* IN THE BIBLE

Matthew 26:17–30 tell the story of a feast of unleavened bread—or what most Christians refer to as the Last Supper. But there are many types of banquets, suppers and feasts described in the Bible. Here are some of the occasions that called for commemoration or celebration.

C R N U D C I K E E L I B U J
W E D D I N G R E V O S S A P
T P E N T E C O S T S V A M L
A W S X P H A J C D Z F M D O
B P T T U N V D S D Z U Z R P
E H R G I D O I R T L B D P D
R E U U V U V I N V X I W G V
N E M V T O R E T Y N E I Z Z
A H P G H V M F Y A I O Y H Y
C E E P M E C X T M C V I H S
L T T I N X R I P S I I C N C
E D S O S H O U U Q R R D V O
S W T S P N L Y B T Q I U E A
Y A S A B B A T H U Q R F P D

PURIM
TABERNACLES
WEDDING
DEDICATION
ORDINATION
SABBATH
JUBILEE
PASSOVER
FIRST FRUITS
PENTECOST
TRUMPETS
ATONEMENT

TYPES OF *Fools* IN THE BIBLE

During biblical times, in addition to other character traits, the definition of a fool included the fact that the person chose to disregard God's word. Bible chapters cite characteristics of various fools, and it's an interesting list of attributes. Can you find these undesirable qualities in this word search?

S	H	O	R	T	T	E	M	P	E	R	E	D	P	I
G	I	O	N	R	N	T	A	S	W	R	I	K	P	G
X	G	R	I	D	E	M	E	D	D	L	I	N	G	N
U	I	C	N	U	N	P	R	E	P	A	R	E	D	O
F	H	G	F	P	E	N	R	Q	T	Y	C	T	C	R
B	C	P	K	F	S	R	X	G	C	J	L	R	P	A
S	E	X	U	A	L	L	Y	I	M	P	U	R	E	N
G	O	D	I	S	O	B	E	D	I	E	N	T	U	T
N	G	Y	D	E	R	E	T	N	E	C	F	L	E	S
I	P	H	I	L	O	S	O	P	H	I	C	A	L	V
K	E	I	T	S	S	E	L	T	H	G	U	O	H	T
C	L	E	G	A	L	I	S	T	I	C	C	E	Q	V
O	M	A	G	N	I	V	E	I	L	E	B	S	I	D
M	F	H	X	O	G	N	I	R	E	D	N	A	L	S

SURLY
DISBELIEVING
SLANDERING
DISOBEDIENT

SELF-CENTERED
SEXUALLY IMPURE
MOCKING
SHORT-TEMPERED

MEDDLING
THOUGHTLESS
UNPREPARED
RICH

PHILOSOPHICAL
IGNORANT
LEGALISTIC

THINGS WE *Say* FROM THE BIBLE

Some of the sayings included here are either from the Bible, Scripture, the Book of Common Prayer or from Christian stories, traditions and practices that have been around for a very long time. Try using the "sweat of your brow" (Genesis 3:19) to find these terms in this word search.

B R O T H E R S K E E P E R S
A P R O M I S E D L A N D A P
E S R E H L Q A T S S E L L A
Y A H O R G D E Z E Y T A T Z
E M E E D I K Q P W O D H L V
Y J U G S C F A O F D W H H W
M D S L U T R E T E H B Z I I
F C A B T G O H R W T L T L T
O O O G R I E A X Q E M E L S
E A S U W E P L S N H X N S E
L O O M A H K L Z H P T M J N
P S J R Z C F K Y M E U I B D
P N T G N I A C G N I S I A R
A H Z Z H N E Z A N K Z E K F

RAISING CAIN
(be fruitful and) MULTIPLY
BROTHER'S KEEPER
PROMISED LAND
(Jacob's) LADDER

APPLE OF MY EYE
(at their) WIT'S END
(baptism by) FIRE
(old as the) HILLS
(drop in the) BUCKET

SOUR GRAPES
(spare the) ROD
SALT OF THE EARTH
ASHES TO ASHES
(O ye of little) FAITH

ULTIMATE *Prayers* OF THE BIBLE

The Bible contains many prayers, voiced by people in challenging predicaments. From Moses' prayer to be delivered from Egypt to Hannah's appeal for a son to Hezekiah's plea for his life, prayers are a way to ask God to intercede. Here are some famous biblical praying orators.

J	O	S	H	U	A	U	I	Q	T	S	I	R	H	C
S	T	E	P	H	E	N	V	L	E	U	B	K	I	H
N	K	V	T	D	O	O	L	M	U	J	N	N	E	N
O	V	C	X	A	L	D	O	X	O	F	S	Z	P	Y
M	H	V	N	N	N	D	A	H	L	S	E	P	W	U
O	B	L	A	I	R	E	A	V	M	K	E	W	Z	M
L	L	G	W	E	V	I	R	F	I	C	R	S	Q	O
O	M	L	C	L	R	G	X	A	X	D	R	Z	K	R
S	H	A	Y	A	Z	Y	H	V	I	J	W	J	G	O
E	U	N	H	W	D	Z	H	A	I	M	E	H	E	N
M	Y	C	Y	A	J	H	A	J	I	L	E	F	H	N
C	E	R	N	R	R	R	Z	K	N	O	E	D	I	G
Z	A	R	B	O	J	B	L	E	H	A	N	N	A	H
M	Y	U	R	A	G	Q	A	T	N	T	B	X	J	H

ABRAHAM
MOSES
JOSHUA
GIDEON

HANNAH
SOLOMON
ELIJAH
DAVID

NEHEMIAH
JOB
HEZEKIAH
DANIEL

CHRIST
MARY
ZECHARIAH
STEPHEN

ANSWERS

page 4 THE APOSTLES

J F A Q U S R Q M Y B Y V N F
B K N Z D F R V W E H T T A M
S A D R L V N U Y H R A X M J
A E R N E B J Y Q Y Q P W A P
M L E T C M S O Q A N I M H L
O G W F H K S U O A S E I J D
H D R W R O Y W E I S L G A B
T I J E H U L D M A I I H F H
C C T O U H F O I P D R P L I
J E A V A S N A M D R D I S W
P Z Q N A M L W F E G H A S B
E A H D A Q O O E D W I D H X
R O U F Y L K J Q T R N Y K T
J J V P Q Z S R G L S E M A J

page 5 MAJOR EVENTS IN THE BIBLE

N O I T A R E L I X E N A R T
R R A R E P P U S T S A L V O
E I C E A U U H D A S L L A F
S G A D C G S P F C E H V N H
U I D I U R E U E Q S N O D R
R N F J N W E N R U O I Q J E
R A N E C Z S A B I X V J P U
E L O X A I Y G T I C C Z W G
C S M M O Z N A F I D T Q K A
T I R N L I T I A Z O O F C L
I N E J N P C N H T A N O Z P
O A S R M U B A P T I S M L Y
N S U E R U B E T R A Y A L F
Z B T C L N O I T P M E D E R

page 6 WHO'S WHO IN THE BIBLE

M S S B G I S A I D O R E H Y
B A X D I I I I A H A J I L E
S N T S H T Y B S G Q H F X J
U K A T R N R W T H F H Y J E
R J S T H A M K H L M J P H R
A J J S H E L H K A L A F P E
Z S G A U A W E C N I E E Q M
A N M A S I N N U A X D M L I
L S I I B H L I O N R M A P A
C I H P P R W E E M O D X B H
S L O E P A I S N L O E A I O
E S S D U I N E P R A L D H H
R O A U I U Z V L V O N O I S
J G P T I B E R I U S C C S G

page 7 BIBLICAL PROFESSIONS

V B B X T R E L E W E J A R H
Q A O W L A N R E V A R G N E
S R A H Z R N A D T S Z U Y F
W B T J P X V N R J Y H H I G
O E B N L E U J E X Y O S E O
A R U L R Z L E O R J H D J G
N Q I X Q U J Z E H E U D G S
S N L Z H V G T R R B K O O C
I G D V T R N E M J U Y L G I
M F E E E E T A J N T G H Z R
W W R T P N N K O O L U T U E
Z H R R I M O X L S E G I Y K
S O A A G H O M X A R F M K A
P C P T A I L O R M X Z S C B

page 8 MOMS AND DADS OF THE BIBLE

M T J W J R M P M E P F R J N
Z A K A T S C X X F D P J O E
E X R K C B Z D N M J B A M U
B J G Y E O Q B X X Q H D T B
E S A N X I B Q H R I W A N N
D B A R Z T U A G A I S M C W
E Y Z U T K N U B U A B E R R
E O X E L N H E V I E Z E U W
O L D R A U H F R L Z X T S W
T B D H C S J A P R E H X E W
M V D A H H H H A E Z H W V E
Z O A T A C D G M B W O C E M
N S A E A H A K E B E R S A T
I B L Z U H X J V H Q Q R U R

page 9 FAMOUS CHILDREN OF THE BIBLE

Y I J O S E P H K Y Y X Y I U
A B E D N E G O E A I Q I T A
C X U N V B N T C P B S D B M
S P K Y R U J J X M H R E I U
G R Q M F P S P G M H L R Y Y
M H A U A H H G A C X I I A P
A O C H A G M E A L A N I A C
F D W I E S L R H M E L Z Z R
C A S Z U D D C K P S I G Z I
I O V U D A A U O O S E N S P
J E T I H H A V T J I U S A V
Q S V S S B B V C U E G S O D
M A B E N J A M I N W P L E M
D H M R Q B I I S A A C R C J

ANSWERS

page 10 ANIMALS IN THE BIBLE

L S K J S T X F T N E P R E S
E D P C C H K Z W Q U X O F C
O B O O W R E L G A E W O T D
P K H G P U W A I I Y L E T P
A F C I R H I F S N L W Q R B
R E G F R K P E P O L E T N A
D E Y E J A W B C U I N L J P
C S V E S Z V U U J G S K N W
N R K H E I S E P K K E C W O
D O V E V T O D N J E W L S L
L H D I L T W T X S E L A U F
F I S H O A Y U R H R M A H M
B L I O N O Q B U O A X A H E
Q X D Z H G X O H N T I K H W

page 11 BIBLICAL CLOTHING AND ADORNMENTS

T S B E L T R F Z U C I N U T
E A R R I N G S K Q G C K T U
D T A H Z A E S H E L K C U B
S A C K C L O T H D V R C S T
X A G T M A K L T A E Y F O B
W P D Z A D E I W S I T L R Q
I R E R B S F Q R F L X A H Q
E O L Z L B S I S E W C E G C
M N T F B E T E H L E E B O R
U Q V E S K E I L L A X T Y L
F B J R F A L V E S S D Y D Z
R C U Z R O K T X G Q G N I R
E P G Z G L N O N N H Z E A M
P P R V N C A V P V K X S M S

page 12 BIBLICAL ARCHAEOLOGY

R L G D A B E H S R E E B S M
M O E N C J J I O G S D L O A
M F S L A C H I S H Y L A L Q
H E Z E K I A H D T O B K N J
G A D Q T V H D T R I H G E D
E E S E K T E S C T A W R J Q
E R Z M E M A S E Z N U R N G
L Z O E K F A S N M S O H I I
I N O R R E T E T A A R R M R
L N A Z S O H R L O V G G K U
A S Z D N C E E D V N J L Q E
G H A E L Q M E P L G E O I G
F E L F B E A I R A M A S J G
D K W M L M T L I T L D K U I

page 13 BIBLICAL RULERS AND COUNTRIES

W X B Z F N W H E C A D N A C
B S P I W X V U L E B E Z E J
J A W E T A N X M J R F F H Z
O U B J R E F K B D Q C V E T
S L I Y O S V X V F Q Q F R S
I K Q D L H I C P J X H Z O D
A T B G H O J A C X A N L D Z
H F X O L B N K N O M O L O S
N Z M D Q C X M J R H A D U J
A P N T B S T T R D Z B D Y K
A K I G U O P J A I R Y S S A
N K J R Z Y R B I W A Y Q R K
A C Y O G F N E D G A C M K Y
C C E E R E S E N A M L A H S

page 14 OLD TESTAMENT BOOKS OF THE BIBLE

J P L O Y B O W E V D R H X E
L R R B P S W Z X K E M P C M
O A U O P W Z H O X U A C I X
B D M T V X E R D V T L L B F
A S C E H E N I U F E F J A J
D E D P N O R J S S R S R O S
I L G T P T N B I F O P B D U
A C H K X O A A S S N S X B C
H I A S S G S T R A O A T T I
A N N O G T C E I T M L Y I T
I O O X E N B K B O Y M A A I
A R J S X M I R I Z N S I W V
S H H H U J A K F Q C S H O E
I C J N N Z E C H A R I A H L

page 15 NEW TESTAMENT BOOKS OF THE BIBLE

T H E S S A L O N I A N S R U
J A M E S Q C T I M O T H Y P
V T Q G S A X C C B M S J E G
L I I W B N B O D O J T T C P
E X B T J M A C C W T E Q C T
N P B L U S J I T O R Y P Q A
U L H I B S N E H X O N H O J
M S X E D T D A K T W F K T C
Q W V H S P H T I U N O U D T
A E N Y N I Y F L T L I E D J
K R Y W A U A A O I A L R U T
R B N T M E Q N X N V L D O G
A E S I O G D I S A D E A U C
M H J U R U U Y U F W D X G O

page 16 CITIES OF THE BIBLE

N B A A O Z M E H E L H T E B
A A N T I O C H W S U S R A T
Z T X S Q N F B I E I W Y X M
A A L Y X P R H M I A N C O J
R R E D C B E O A F A T U E M
E A B Y N V R N S H N N R G A
T R B C E B I V T O T I J T C
H A G N Q S F E I C C W H Q F
I T I B T H B Z A H P E Y V G
W N J N Z E T R O G N U P W L
E U U X I N M Z T S G A C Y F
I O V K U E A F C W W Q N Q C
M M R O L N O L Y B A B P A K
M Q M J M V C I H T N I R O C

page 17 MONEY, WEIGHTS AND OTHER MEASUREMENTS

E L U K A S Y S F F W E C A P
D F Q D Q O X T I B U C Q V L
Z I O S A Q T H H B D U M O R
H R K G H Y L P E J A J V E X
I K H O X T S Q G D Y X E N H
N I M C L U D J R P P D A O O
T N I A I N X A O F B P M L G
O O X B Q D N Z E U S E R K J
B H P S W S G L P R R V G X C
V M U K G G D F E Y B N E N I
D R A C H M E G E N E D E E R
M A N E H G N L A H R M N Y A
P F S U I I B P Z A W P L A D
M Z S U F D S N A S E A H R H

page 18 VILLAINS OF THE BIBLE

N E A T H A L I A H Z Z A R B
Q Z H O W W G W Z A H A V A X
D G L S C X G G D O E G R W C
Z E T O A S X H H V B A M A V
A S L Y V P R V Q T B B I I T
W N Z I Y W I A M B A A A C I
H R J L L B V T A E P I V H O
E W Z E T A U S N H M Y L O A
S B C E Z N H P A A V O J O C
S N U G I E K S D H D U L G G
A A I B Y T B C U L F O P A K
N M A A B I M E L E C H R Q S
A A B U C H A D L N Y U S E H
M H S A T A N S U B V D C Z H

page 19 RIVERS AND WATERWAYS IN THE BIBLE

C H E B A R L G U N O H S I K
V J L Z E S E S P G N O N R A
D E N A E N A R R E T I D E M
D H A L Y S W J M A T S A P P
G H Z E P I S O N J Z L D C H
I H Q G A C W M Z D A Q K F A
H D R N N S L F K I D K A T R
O B A Z N Q D A N T F I N D P
N B R W I R I N N S A W A A A
A X O F X N E F I R A E H Q R
D D R C D L E R O T E V I A B
R Y A A L L G E D W E T A F Q
O D Z I I I O M Z G A A E H V
J B M N T C V I A L M K L R A

page 20 FOODS FROM THE BIBLE

U N U T S P N J B R E T A O G
L U L D W Q R B Y P Q A E L A
P E D S E T A N A R G E M O P
U W N Z W Q H L H R K V D N W
R U R T A C O R N B L S Y G S
K K Z G I Q H A T M Y E G W S
Y M B C Q L G C M J L V Y I W
H C Q S N S S M T J K H T X F
S R H I D D W J W S Y M K G D
I Y O E U N S R E B M U C U C
F L E Z E D O V T Z V B F I V
J D R N Z S I M Q E R B M I U
Y K Y X O L E K L P V U Z A W
E G G S O H T Q C A K L I M L

page 21 MUSICAL INSTRUMENTS IN THE BIBLE

D R U M H L B F E H G A H M M
J U P L B Y B E T E P M U R T
C E L T U R S T E N A T S A C
P W C C I E L G B J K S S B S
T F O C I T I M B R E L Z V C
G Q R P P M D D S W Z O L E B
Y P N P S N E N J Q U H J E S
R R E A E Y H R H Z T S L L U
E R T M G E D C N U U L Z I E
T E N Q P R A H B R S A T S T
L H A X W A E K Q Y O B M Q U
A T G M Z H C R L G J M Y A L
S I R E T A H C Y N U Y B R F
P Z O W S Z R C L E V C D X W

ANSWERS

page 22 PLANTS AND TREES OF THE BIBLE

Z M V A Q D Q S X S N R O H T
L I L I E S M E J B I U L E W
M A R I G O L D O Q Z O N F O
U H G X T P R F V E U E S O R
M W C E H B T E K A R D N A M
Z P R D I B B C D W O L L I W
G O A G S Y B D G N N E O L E
S P D T T J R E O G A B O E N
S O E J L O T R A O I I F L B
E S C S E N Q L E L W B R E A
R S Y L X J T D T B G M T O Y
P Y X H N N Y E T M L E R W C
Y H C H I R Y E O S G U F O D
C J T M A Y F R I U J F M G W

page 23 PEOPLE WHO MET THEIR DEMISE

J O H N T H E B A P T I S T H
S U Y A L S P Y E N T L E B A
A A D I V O I G R N O S M A S
U U B A W C T S V G S U S E J
M X G S S I J A E E O J Z H W
E V O N A I S H S R U U C L V
L A F X A L S K M W A H C E U
A B R R V C O C H E I R D B M
M X B I G H H M A T W F M E G
R Z Q K H H T A W R A B E Z Q
S A U L A P A O N V I I X E L
J S W Z Z Y P F B I L O L J W
H H Z Y P Z S A R A E Z T O Y
T U L U Z A M A S A N S P Y G

page 26 THE DOS AND DON'TS OF LOVE

Q K I N D S P P R O U D B G E
G K B E P A T I E N T W N A U
V N S V E J G M W J P I S N P
Y L D E N V Y U U G K I Q R E
T S R R O Z G D V E L G O V V
R E O F F G I M E Y E T I U I
U R C A G Z G S A G E L C X E
T E E I A G F N S C S E D U R
H V R L R L G E T B M E U Y W
C E O S E E R S N M T P P W R
G S N S R V P N N S P S E O I
V R U E Z B O Q A O Q R U X H
C E D C U B Y O O W A H W R W
D P N G G I B Q C B R D G P T

page 27 GOD IS LOVE

L Q T I R I P S D E V O L E B
M A N I F E S T Y Y G M K C G
V P R O P I T I A T I O N U S
S C O M M A N D M E N T S A P
L I C G X M V N S M S F V T P
A C O N F I D E N C E I H G B
B S J S E R M E T I O E N E M
I W D F N O N N T R Q V L S R
D Q C L G P E X D C D I P M E
E C R B G M S E S S E F N O C
S W I N G D E Q U V Q F K E G
Z C O D U D O P E U H S R Y L
V M U O N E A N O T H E R E M
A J B R O T H E R W Z H G I P

page 28 SYMBOLS OF THE CHRISTIAN FAITH

P V K R I U P W S E L C R I C
A O M E G A X P V D O K W M C
L T S N A Z D T P B M L E R F
M J T E H B L O K X I E E R T
B S A O N O G N X L D R O W S
R J R J T O W F Y S A H P L A
A S L E G N A Z E F K B Z B D
N L W Y H B E L J B X W V O Y
C E O V N E G E M F H C V F Y
H F E Y L N N A A E Q E F T J
E G T D A V L W D O L A P T E
S X N I U H K I O E S S O R C
W A R Q H D S V H R E N X M T
C T R A I N B O W N C Y S L T

page 29 WORDS OF LOVE TO LIVE BY

Q Y N E H A P P I N E S S P K
C E N C O U R A G E K H F I R
H O N E S T Y A W J F H N F W
I D H X W K I M O T I D M I M
C U P K L O A Y F O N W T P G
I A P R A Y F O P E H N I R E
T E D O M U R X S T E H A L I
N V Y B L G F S R M S T P N F
E K B B I M J O T D I D S O R
H W N V E N W I N T T P J Y O
T Z E R V F M E U G I R D M N
U H A H L M I D I R H X A X O
A H V E O R E A E U P M I E H
S L S C F S C Q E D N K L Z H

ANSWERS

page 30 LOVE OF PRAYER

C O M F O R T S E R U T S A P
R S A L R F T S E R A P E R P
E Q H V E Y H D A V U P L R F
S L A A C A K T Y L Z F E A G
T T Y R D T D L A M M S D N D
O M E R Z O P E Q E E C Y O X
R M T Y O U W T T N D K Y I V
E Z O F Q P F F C H U A I N A
T D T L M W V E R Y X F M T L
H P M S H E P H E R D P K E L
U M H J T X N O D L J R Z S E
R I G H T E O U S N E S S T Y
R G O O D N E S S H S H T A P
Q T P B Y W Y N H T E N N U R

page 31 GOD SO LOVED THE WORLD...

W C B L Z J H T E V E I L E B
W H T E N I P V Q J H M D Q C
I E O P G E X O L W O I L G L
T E X S R O E F I L B E M L R
R C Z I O Y T Q L H B E D V N
M C S K O E A T Q U D J N O S
G H F Z G E V M E Z H E B H P
O N Z M F B M E E N V J V P U
D A E U K E H U R J D B B O O
E V E R L A S T I N G L A D L
H H H H F Z M K Y A Q E R Q I
T B R N O G P T L J S V K O P
O B O L H B S E N T G A V E W
N S I P D J S H O H V H A L L

page 32 MARRIED LOVE

S C O N S T A N T E R U D N E
R T P F T N E M R E W O P M E
E G R A P M N D H S I R E H C
S Z S E R G Y A T O A V M L R
P L X I N T I M A C Y Q H Y R
E V O Q B G N Y T I L E D I F
C U X Y C I T E H T A P M Y S
T N E L A T T H R P N T H B D
T W B C Z L K C I S V R O T H
P S H U T S T Z E X H R R B T
T O O A W B K Y L T A I L I W
C E R T I T U D E M O M P J O
C H A N G E D O F A U R L E R
J W E C I F I R C A S L P N G

page 33 PARENTAL LOVE

R R L A N O I T I D N O C N U
V N J Z D E V I T R O P P U S
S Q C O N N E C T E D S E A K
S H E L T E R I N G Q C D Y A
Y Z E M T E A C H H O J T L A
E T N C G X K O A M J N L F C
C E I Y U I P N F V E E F M F
N R L W I P A O O L G E L S W
E U P S D R R Z O I C T Z L A
I T I L A T L V A T T M E Q R
D R C U N V E N I Y K O P F M
E U S Z C N C O U C W H V G T
B N I J E E N Z R G U U Q E H
O R D B A Z A D V O C A C Y D

page 34 THE FRUITS OF LOVE

A U N D E R S T A N D I N G D
I K G J O G O L T H G I R P U
M O K N T S N C O U R A G E H
P A G G I E S S U O I C A R G
A R Y E O R M E S E S A E L P
R A L Y N O E P N M O D S I W
T M H L S T D F E K Z P N J E
I V N C F X L N F R E P D J C
A U H R E W H E E U A E F C M
L X N K S E G C N S S N M S E
H U S O X J U S T E S G C A M
N U N A F R A I D V S R N E T
V Z S S E N S U O I C S N O C
L O V I N G K I N D N E S S L

page 35 SPIRITUAL LOVE

U D X E V F M P A T H D X N C
R E V E R E N C E K U X O O G
E S S E N C E H H V U I N R C
E D I S C O V E R Y T T A A O
S N S T B P V X S A E C N B M
O J V O I Y Z S M M E I S H X
P A S S I O N R P L N E C Y F
R P F S O Q O L N O R I T J F
U J O C K F A I I V L E G Z E
P Q F I S T Y T A E I K G H J
F X P N I D O N V P O B P K W
J X A O M V C W Y E N R U O J
C R N R E E O L A C I T S Y M
T C K D O A R P E A C E G Q R

ANSWERS

page 36 LOVE OF MUSIC

Q Q P C K W B S L E S I A R P
W W W H S T A E S B T Y O G Z
O X U O M H A J U L E L L A H
R X P R H Q M O P A I N D O O
S M H A Q P E G N O S N E V E
H Y G L O S X M O V R E Q C H
I N S T R U M E N T A L H M C
P V Y P F C S I S K N O M H U
D A L Q K X H Z X T I E A C Y
E T L E U M R V T R D N M V Z
R A O M P X H K Z H T L N A J
C N R I M S Z Y S L A M N K L
A O A U O K O O P S Y V L L Q
S S C V I T E G P H O J Z D N

page 37 LOVE OF LEARNING

J Q Y O L E A R N I N G K P S
O P P O R T U N I T Y T P P G
A C T I V I T Y U I J Z Y H B
W N U H K Z H T A M O L I H P
S O T L A P E G N E L L A H C
T I A T T A I N M E N T S E Y
U T D T G I O Z T N E D U T S
D A J E W T V K A F L X Y E I
Y R R N O I T A R A L I H X E
H O I N X N O I T A V I T O M
S L N O Q E U J E E U X W X V
G P S C H O L A R S H I P T F
L X V K I L E G D E L W O N K
E E X C I T E M E N T K W T H

page 38 LOVE AND EMPATHY

C O M M I S E R A T I O N M C
I V H M A S A D N E S S O O C
D C G E T N Y P A R N I M N O
Z Z C X A R C K S Y E P C M M
F Z H J E R Q B K O R F Y O P
J A W S F F T H A E R L F I A
E G I E E C W B H T O R Z U S
T M I I E J Z E R H B J O O S
R N R L U P N Z C E N N U W I
O G S C E S I N B Q A L I K O
P R M U I P A N J A M K B A N
P N P O M L S E G H D Z M Q P
A S N A E Y H T A P M Y S P Y
R B L M S E C N E L O D N O C

page 39 LOVE OF FLOWERS

P C D U C B L R E D N E V A L
E H M G G U A Y C J O V Z X D
O R S J B E J A I L O N G A M
N Y T R E W O L F N U S I M N
Y S M U B I I K O J Q S X M H
P A X N L Q I M X Q Y U O Y H
L N J O B I R T A Y P Q A K I
I T R I C J P I J B K C O A L
D H B T E Q N M J E I D E I O
O E V A E E Q Z I N N I A S I
F M O N D S I D T G M H O E D
F U L R P J O H Y J C C P E A
A M A A N B R R U W N R S R L
D G N C F T C O R Z T O I F G

page 40 LOVE AND KISSES

Z R E S T O R A T I O N C T B
S X W E L C O M E S H O M E N
S L L E W E R A F F R U T V Y
E W W X Z R L E X O R R X I J
N O K H C S G A N D A M X E P
S R N X J G J A E Y X Y G C I
U R G P A R T R A X B W Q N H
O O V B D I R L N C G B M A S
E S P A O D E C E I T W T T D
T R I N T R O D U C T I O N N
H K S A L V A T I O N T J E E
G O R E T U R N O C B G O P I
I N O I T A I L I C N O C E R
R B S S E N E V I G R O F R F

page 41 LOVE OF THOSE WHO DO GOOD DEEDS

R O U E D R A U L H P E S O J
A L D V S V U M X Z F J C O T
H Z Z A H T R A M O D S N I S
A R X K D Q H Z N Y C A M I Q
B N O J H F K E C Z T O L V M
T Q A E T K D S R H T A D W A
A V L F U P S C A H S R K S D
B E L Y R S A N Y C W Y K G Q
I E I F V V B V R S Y R A M X
G A C K F P A Z C A N F L C H
A I S O W E N R J C V V I L E
I D I R A X R J S R H A U Y W
L Y R E U T A D Y O M Y Q D O
L L P J U B B R Q D N B A X N

ANSWERS

page 42 LOVE OF NATURE

S X A L P F H W D S T N A L P
K H S N A E C O T L R X U A A
I F O R E S T S T L W Z T N C
E E A R T H E Q J C K H I L L
S C P N X R Q O G H P M O M P
K B N P Z M D S R M A U Z A L
T S N O F J Z N T L D B S K S
U L B D O V N I S S R E V I R
T S V N A M A A U T T D H B K
G B C S T J S T H P A I B R L
H N A H C R L N H L S E E R T
O E G U A O L U N D I U N W W
S S W T F Z I O S E K A L U L
O Q S D I O H M K M S Y B G S

page 43 LOVE OF GOD'S PROMISES

B F G N I D N A T S R E D N U
D J R K H J I E C N A D I U G
E C F U E H T G N E R T S U J
L C O E I C U U P M N Q B M S
I R B M L T U L D T K F Q Q Y
V R X Y F L F G Y T R E B I L
E E A W H O O U A M O H J S O
R S N W X Q R W L K O K Q C A
A T E K A I Z T S N N D I Q O
N K P Y N E Y W R H E Q S L O
C O O R C V V O X L I S A I U
E O H A Y T F A J X E P S W W
E V E R L A S T I N G L I F E
R P R E S U R R E C T I O N I

page 44 LOVE OF WORSHIP

A I R B T O P L B R E Y A R P
D E Z J M N O I T O V E D P V
O Y X C R J T U E J L H X U H
R X P A X V U T R T O D F E B
A Q J Y L J O I N N Y K X L B
T E J H E T V T O D K P E J E
I T C F N D E R E Y U S G L C
O A M R A E D T F X S S A Y N
N R H Q D C T I L I E D M F E
I B C P D I T U N R Y J O I R
Y E W D M C G G V V Q L H R E
W L D M N Q B E X E F W Y O V
Q E O A E Z K Y M M Q L A L E
H C S E T A R E N E V G P G R

page 45 LOVINGKINDNESS

H C R U H C E H T F O D A E H
R D W J E F I L F O D A E R B
E E B V T N E S E R P I N M O
F M D R T H E W A Y D N I T N
I E U E A R O T C A F E N E B
L D T N E T O P I N M O P S K
L I C L M M X D N C I W U M R
A A G I U I E U R T J O A Y H
N T M G B D D R A E E V T R F
R O R H T F E D V T H H D O F
E R F T H L N I H P I P K C Q
T X G D A U Z G Z N F K E K T
E L I E O N I X K I N G G H V
A Z H F Q R P P D A J C G M S

page 48 THE HEAVENS

C H B S M E G S U O I C E R P
T M S L L A W R E P S A J R G
R G K B G T E E R T S D L O G
E T O R I V E R O F L I F E B
E P H L K Q N I A G A N R O B
O V A E D O G F O E N O R H T
F D I L F E D V G C U I H Y P
L O P F A A N O T E A R S A R
I E W F R C T A G H B L B S H
F Y C X F R E H L F U B P L U
E L P V F J W S E T O N D E Z
P A R A D I S E O R A K R G J
A P E A R L G A T E S R R N R
N E W J E R U S A L E M P A C

page 49 ANGELS

N C A G L O R I F Y G O D F S
O F Y G S A E C N U O N O R P
P A I N T E L L I G E N T S E
K W L I V E F O R E V E R G Y
C H A R I O T S G Q M E S N L
A L Z T O Q O U M P T W C I Q
P W U L C N Z I X S I S H E M
I L I M M H H Q I F T Q E B E
Y X F N O P E N T A D Y R T V
I B O I A M I R R L H Y U I R
Y Y R R L M O S S W H I B R E
C R E A T E D B Y G O D I I S
Q S E N R E J O I C E U M P B
P S T S O H N J D R W Q A S O

ANSWERS

page 50 PROPHETS

V W A G E E D N M S Z B M X S
I O Z D H X W L O S I Z P Q I
N A L E J U D V H Y A M S A M
O S Y H D G L A D I C M V T E
A U K X M E N D Z I P J Y N O
D F M X W A K V A I N H O L N
I W X S N Z Z I I H L C A C E
A H V I Z A N M A L H M R V T
H M A R I A M M T H J V V B G
U H R I H R A H H R I Y Q A C
D L M T K A M I B A G M D B U
P Z A N L N E A N S U B A G A
H N L A Z L H N H A R O B E D
A S B Y I A A H A I A M E H S

page 51 MIRACLES

Y K R I E N I W O T R E T A W
H E A L I N G L E P E R S H H
P L A G U E O F L O C U S T S
I S U R A Z A L G N I S I A R
N O I T A R U G I F S N A R T
N O M E D T U O G N I T S A C
O R E S U R R E C T I O N P E
I V I R G I N B I R T H W X X
S X D O O L F E H T J M O T O
N K P E N T E C O S T D P H D
E K A B V Y P R E T U U V O U
C P K W A L K O N S E A H U S
S R E D S E A P A R T I N G T
A E D M H S U B G N I N R U B

page 52 THE SEASONS: SPRING

R A I N B O W S V R T N E L M
Y U P L I T F D U G Y K Y D V
S G U X H Z U G N I N A E L C
I U D Q L C U L T O W I S F M
L A D P Y E G N I K I B K U K
V G L C P Q T N V P G Y M I H
X O E O V F N R P P S B S U H
B A S E B A L L T F R H M G W
G A L O S H E S K E X H O N D
T H T O S Z F F L V Y V S I H
E X D S F M E L U N M K S T S
D N A L W Z A J C I O T O S B
U R O E G A R A G E S A L E K
G G I V S H O W E R S C B N R

page 53 THE SEASONS: SUMMER

T T B A R B E C U E E D A H S
F R H S E I R R E B W A R T S
U P I U N K Y N O I T A C A V
A L M S N Z H E V A W T A E H
Y E J R W D O Q U L Y B C F J
G M C E E H E U K Q A S A O W
E O I W J B P R D O W K M H C
N N N O G A S L S I B A E A D
I A C L T L R W M T E D M Z A
H D I F A T I M F R O P T Y H
S E P D K N I L C M I R I W C
N W N L E N X E A N X E M C A
U A D I G U C S G K J I I S E
S Y I W F I I I H W Y B I L B

page 54 THE SEASONS: FALL

M Z N R O C Y D N A C U D K O
S F O A E G A I L O F L L A F
E G A P U M P K I N S Q H G G
L N T R C S I L K B F B H N N
P I O H M L E E F B M S A I I
P K W C I E C V O D Q Y Y V V
A C G H E R R N A L C P R I R
L I C T Q Z F S L E N I I G E
E P J K S I A A M R L M D S S
M E I V R E B M S A N E E K E
A L I E A T V B N O R E K N R
R P S O O S X R I R U K F A P
A P Z O X X V U A X O P E H R
C A F C G D O X V H L C C T I

page 55 THE SEASONS: WINTER

S K I I N G N I R E V I H S S
D T S O R F Q M L I C E F N N
A E B E X K W G W B S Z O X Q
E T E M I F L T F N Z W D F W
R A R M G K V P O J I J E R U
D L I Z L U O W U N W D P A E
N O F C C E M O G C I J T C D
A C G Z B A G J C R X I U S T
P O N N N A E N H G U S B D J
U H I W I M D G A S N O E N K
L C R G T T I R W W O I L A I
R T A J K E A O F T O S K T D
U O O N L T N K S G Y N J A R
C H R S Y S H U S I G Z S H M

ANSWERS

page 56 SPIRITUAL NOURISHMENT

X S R S M S E L B A T E G E V
W M Z S T N A D I X O I T N A
B H X M Y O J R E T H G U A L
F D O D A S O W S A L Y N Y Z
R G Y L I M A F N T V Q T X E
U W R F E C N H P Z U I A Y E
I A T A Y G V X H P L N D F Y
T C S F T T R O M I S F G F R
S U E I L I T A U E V D S B I
E F M S Y P T Q I E C E E Y A
C E U V U J N U D N C W C E D
A V G M T A J U D I S L V O S
E O E U R I O Z P E T H E D V
P L L T Y L Y S P S A E Z A M

page 57 HOLIDAYS

R P R E S I D E N T S D Q K S
V Y R G O O D F R I D A Y T S
E A W L A I R O M E M G P T E
T D D C O S J C Z S N A V A T
E N N D U A O N T I T A S U A
R U L M F R T N V R L T Y C L
A S D D Y G I I I E E H Z A Q
N M B J Q A G C N R A U B V I
S L V Q S S K T E M T O Q S A
D A W L K S I E S K R P W T N
H P L N P N S A M T S I R H C
Z A A P E B N E E W O L L A H
O H V S U B M U L O C M F C M
T C I N D E P E N D E N C E Z

page 58 WHAT'S IN A CHURCH

T K H O L Y C R O S S S D T B
D D C S B D B H A X M M W I P
G B O C S L U T L S H O B R O
T A N W H A O Z T Q L L A R A
H P G D K K L C A N E Y G Y Q
O T R S M B Z G R S E A O I Z
D I E K E I R L D R N V H N J
S S G O O F R E B E R C M N U
E M A O O D E O T T N S J J L
L A T B L R O T R S I I W L H
D L I N A K X I C C I P A B W
N D O M S P O F K Y Z N L T W
A V N Y L H I P E W S M I U S
C Q T H C R Q R H O I F E M P

page 59 WHAT'S IN A HOME

R A S Y L U M C A R I N G Y V
E A L D G N I K O O C E M O H
H Y S R N W R A Q V Q J E R P
T U W J F I Y L L Z N E V O L
E F L E X I B I L I T Y L P S
G D V I K H D B Y W H I W H M
O O B E Z T F G Z L T H E T U
T G Z G N M H D P E X L B N F
G F W A F R M Y N I T P I V A
N O R I W A R E T E H T S Z M
I E K R K W S B R E Y S L R I
N V Z R S S T W H M F G R Y L
I O U A C R E F U G E A D O Y
D L Y M E P J H M W W Q S W W

page 60 THE BEATITUDES OF JESUS

K P E R S E C U T E D W O H J
I U H C M X T Q S M H T R A E
N T Q G C M J O E R E G N U H
G P U Q S R O R O C A P C E X
D T P R T R C U L G B U A Y S
O I C Z A I E N R Q C R S A H
M R Z E F X G K L N T E T E Q
L E W U X B G F A T L I A X P
C H L L M D S V C M S V W M N
R N Q K O G O R B F E R Y S E
T I E G Q U Q R I N N C I O O
S E E E G E A E X H Y H A H V
M E G C A Q D N P G N V E E T
S D E S S E L B D I N Z L M P

page 61 POSITIVE CHRISTIAN ACTIONS

S P R E A D G O D S W O R D F
B E V I S I B L E O W R D D J
X C M Q W H J O E A B B R W P
J I F R I C F D B E Q O A A R
L N B S T F U K L E L N R C E
T S A I X C E I V E Y T I O N
N P Y C A Y E I H W I J D U C
E I H T H V T T Y C G R E N O
S R E J E I E M I I A C R S U
E E J S S S E P Z H K E A E R
R K S O I L A V K I V A P L A
P U P A X T U R E S J R E A G
E E R V E B O C E S S F R P E
B P Y K U W P T L B M P P P S

ANSWERS

page 62 GOD LIGHTS THE WAY

K J R A D I A N C E Q C Z C G
B W P L U M I N O S I T Y K L
B I L L U M I N A T I O N I O
G N K S G E K K U E B T W G W
B N O Q H J C S A J G O W P K
S E S I S B G N U E C R A T S
U T A V T V T L A N R Z L G A
N X O C C A N Q R I B B T L Q
S Y C J O R I S L E L E Y L O
H E H M E N E D W X M L A A K
I C I T Q M L Y A A Q M I M D
N Q N Y A Z P W Q R Y V I R L
E A A L Z S U G H V R S Z L B
L R F D S S E N T H G I R B G

page 63 ROCKS AND GEMSTONES IN THE BIBLE

F A S O P N E L C N U B R A C
B Y Y U R K F X L A T S Y R C
C Y A M E T H Y S T O P E A P
N I X R K A P T I L I E R W O
J M H U C S O U L P S N Y N S
J X M B W P L M Y A E M Y A D
W I H Y A P E X R L F X P V L
J D L Z P X H P I D D P O H K
B A W R O T O A N W H W C E L
E D S P A S N O B I G K T F A
T J T P Y E M J R I U U V A R
A P P R E A P E P L R W M Z O
G P H A I R D L A R E M E X C
A C B D M E T I L O S Y R H C

page 64 WHAT'S IN A NAME

M B W Z Z Q W H A R L O T R M
K A O M I S S I O N A R Y A N
X K D A D S N J Y N Z O R E W
O T Y F C E H N T P J T J I L
F M W C D I K E G E Y C S S G
U U O J U L R S A R H E G I F
I R O C K F A E O Y K P A Q R
R D A J T O S I Y I G N O D F
E H L S S R P T N A T Q K R E
D Q S G I E R G O K R X Q A P
N Y H B T H E Q I L G T R H M
U R G B P T S N H B A T E I Z
H S G X A A G W D Y H E Q B T
T O J N B F C M X J P O Z G J

page 65 POLITICAL AND RELIGIOUS GROUPS

S S Q Q H S E N I T R E B I L
A A T P X S N A T I R A M A S
D R M O X K N I R D E H N A S
D O E P I C U R E A N I S M T
U P M F D C J S I F S J S V Z
C S X B E O S U S T S S E R S
E A O X I J R N S E E N T U N
E I Y D B A A I E S T A I B A
S D L H X C N S T E I I V B E
B E T Z I E I O O B R D E Z L
I H J L L R L D G I A O L P I
K T B L A A G P R R Z R G W L
U U E H E F C J W C A E R M A
P H P Z L N A M B S N H N U G

page 66 EVIL

R E P R E H E N S I B L E A D
P E R V E R T E D J S Z K I C
T I J O T B A P P W C T A L C
H W M Y W F R B Y I R B X O Z
S T G M H E R U O J O W R Y U
I S N Q O Q L H T L U R F N R
D U R E I R Q B I A U A H B I
N O E S C D A C A P L O A N W
E R T R Q I A L T C L V Y S I
I T S F Q L F L H Y I K X I C
F S I U Q J Q E E P E P R B K
I N N P F X D V L U E Q S A E
E O I K Z A O F N A R M J E D
T M S M B L R Z H D M C V R D

page 67 NAMES FOR SATAN

M O N K B R F R D K N O M E D
L E B E L E T H Y R D V E Z A
E Y P N X D L D O I A M R P N
V F I H G T X I A H X G O A L
I G R X I L S B A E H L O U I
A B I E E S O I I L L Y C N L
T U T X V L T D R Y G I C E J
H B L G U I R O O H F E Z E F
A E K S V E E N P E C X Z D H
N Z D H T X L C R H U I Y U W
W L S P L I A R E A E B T Z F
U E M H V U P U Y D I L P N R
Q E I E F D B H B M Q L E H A
T B D Y R E R E D R U M J S B

ANSWERS

page 70 CHRISTIAN VIRTUES

R E S P O N S I B I L I T Y P
F M G O O D N E S S D T S R P
C A H H R F S X R I E P U P S
C U I S N K D A L M R D B A H
O W C T W H Y I P V E C A T E
M T Z K H S G E A N H Q R I K
P U Z A A E R P C A Y L B E I
A Y A K N A T E S T Y E K N N
S T N C N Z V T I T T G S C D
S S E C G Y I L I R V A W E N
I E E O I T I B U H F R D Z E
O N U C Y M O S Q E D U T J S
N O E O U R T I U R P O O B S
B H I H P Y T I R A H C S J S

page 71 SERVING GOD

C H T A B B A S E H T P E E K
F O R G I V E P R Q P H X R X
V F K O L O V E G H J A M Z E
O V G G U P T E O O C Y L N Q
L W M K Y V R T V Q L A C L Y
U R O G K A C P L I K O E K W
N V D D H N Y U M I U Q N T Z
T D S S V G F A E R E L D C P
E U I W I Y F V A S Q D N B D
E C W Q O E I G L U P R A Y N
R B K J V G E E R U H R F Q V
A P E R E L P M A X E D O O G
N B E H C R U H C D N E T T A
L S S K S Y A S D O G S A O D

page 72 CHRISTIAN COURAGE

F U T I C O N Q U E R U D N E
O E C R D N O I T C I V N O C
R D X X U I U P L R C N I C S
T A E F R S M R I F D N A T S
I S Z D T L T U N U R V R G O
T U I R R Q Y I E B O E R O K
U R R A A E Z T N V N E P Q R
D C T U E B L X I G A M L W N
E Q T G H G M G T R O R Q W D
C E A N E N U H G R G D B E L
F V E O K I P W O U Y E G E U
B V F E A R O L A V R U T H B
E T E B T A W N Z P X T Z N N
F P D U I D F W B Q O E S E I

page 73 PROFILES IN CHRISTIAN COURAGE

V T Z R L L E W T A N A M O W
Q P R I S C I L L A Y M N H B
F E E S U M I S E N O K K L C
F Y A P O L L O S K I A I M A
V I M K S T J B P S U N T Q C
Y L T D J E S V M D D J U O S
O M Y X H E V U L B Y I R A S
D A B D U J I C E O L N U U V
A T V H I Z V G H A E L S U B
N T G U P A G C S L H A N H F
N H Y O G A U T I X N C D G N
A E R H R N T U A N D Y C C K
O W A H U Z S B A E F E U A R
J C M E S T P A U L U S A Y Z

page 74 TRUE MEANING OF KINDNESS

O D T O L E R A N C E S Y O S
A E G O E N O I T E R C S I D
B I E H E T A R E D I S N O C
S W N S U A E D U T I T A R G
S K T C E M W V Y H T A P M E
E Q L V L R B M T C E P S E R
N Y E O Z U E L L K P H P P Y
E S N Z O O S N E K E B E P N
V E F C J I N I I N O C K F X
I T X L T U B D V T E Y A Y Z
G R F Y G F L O X E Y S H R O
R U G N I M U S S A N U S P G
O O X S S E N S S E L F L E S
F C H D B N E R U S O P M O C

page 75 WHAT DOES KINDNESS LOOK LIKE?

S O U P K I T C H E N T J V F
Z R A N I R O O D D L O H O L
S O N C I V S J E T S B O O H
R T I O P G T Y U V O D C D B
E U M A I A M P O L P A T L Y
T T A C Z C A X L A L N O R L
T Y L H A H O E N L E O E I S
I C R I N U H T I M D E S M A
L A E N I Y R B I D T T I Z C
G R S G A Y R L O N E L A P L
A E C S J A P N U N E F R P H
B T U D R M O L I X E J V R H
B I E Y O R O Y E F Q N J A W
S L L C J V M E T I L O P E B

ANSWERS

page 76 THE MEANING OF CHARITY

T E B R G E N E R O S I T Y S
R D V Y H E C E R I F E Z E P
E E D S H A R I N G C G L H M
V D S M W H B B M N A F I Y A
I N A C U Z X R E R L L E L G
G A E Y U L B L W E A C M D N
L H J L P E O D S N N S M H A
U N H R P V E S T A G S A X N
F E R D E T S H T I I B W H I
R P X N A E R S V U A F O U M
E O E N R O I I R W U T D D I
E B O V P S N T C G K F F P T
H D I Y S G L X M O H R O I Y
C C Y A X A T L L I W D O O G

page 77 ACTS OF KINDNESS AND MERCY

I W F C C D V B M S T O F V G
N N E X O R X D S D B F W I Y
S W E C C U Q M C K J F V Q K
T B D M N Y N G B X G E P G P
R R T A F S M S K Q S R T R A
U E H W U M G X E H J S A D U
C T E C S G Y N E L R Y M F L
T A H U E D L L O T W O H H P
R W U G J V T A S R N Y N Q V
O E N U Y E I A P I W E V E C
F V G L R P G G S H Y R R V G
M I R C A C L H R B I Y A J T
O G Y W K Z M K C O F P K E L
C L P L E H K O O F F J P M B

page 78 SAINTHOOD

H W C F R E H P O T S I R H C
V G Y M E X H X J E M O R E J
P A U K R A G E E L A Q Y L E
N A L L R R T J C M I R P E C
P Q U E E G W J T A O I Z N A
E A S L N W E H Y G F L Z D T
D L D W R T L N E O O I O X S
U U D A K D I R I K C Y N P U
J S A T U O G N C T C F R O E
I R H G A B R I E L S M W A B
N U T V M M R W T Z E U K J M
F J A B B T T W Z M S D G M L
H W G N A U X C M F Y U E U R
O R A P R T X S Z V D L W B A

page 79 EARLY CHRISTIAN MARTYRS

L L Z Q M T L P N E H P E T S
C L E I X O H A I R A H C E Z
E Z M D P L J M I R Z B P N K
C A W G R Z Z A Q H A I R U C
I A N D R E W U M Q R J V D I
L M Q Z B C O T C E S E N G A
I A E R U H C W T J S N M V B
A U Q H U Z S E L R U W O I C
F R I E D A P X A H A I A S I
G A N N P N T H B F Y L U A P
Z E U I O E T F N G T Y A H O
F L T M F A S C P E F M C W K
E N I Q G X Y H T O M I T U Q
A S L A Y W Q C K C D Y B Y L

page 80 TRUE HOPE COMES THROUGH CHRIST

S O B V F H F C S U E D I U G
E H S E C N A H C D N O C E S
C D O N T R U H E V I V R U S
U L E P O Z N S G F Z K B E Z
R B D L E I C O E M N M F Q J
E W H Q I P T K I O E I D B C
R V O R T V U C I T L U Z T H
E A E X U V E S E L A Y F A A
S X V K Q X S R A R J V B Y N
T G I D Q A E N A L R C L B G
T S G B P U R Q A N O U U A E
D Q R M W E X U E C C V S D S
G S O S T R M N E C V E E E C
L C F E B A T O W A I A I J R

page 81 TRANSFORMATIVE HOPE OF 'AMAZING GRACE'

E K G B A B D W V R K Y O J S
F S Q O A Y R I E J W V X A C
B E U G D E P L D F C O V Q M
J C D D T S I F Q X A E M B D
L U J C H E P L R D D E P C N
V R H F V C K R S C X P E T U
S E M E O C D P A T H O A Z O
D S D T O K J E V I K H C H F
X C Y S O U N D V F S Z E J U
K A U B V W T J J E D E N E G
D E L T O Y W I Y Q I N R N T
F K S E R L U V K Z H L I N B
Z O E I X R A E F X F G E L D
L S K K T E E W S P O T W B B

ANSWERS

page 82 WHAT DO WE CALL TRUE BELIEVERS?

B C H R I S T I A N S O G B B
R K E L S K O C P V M B U R B
P R D I W T J B D K E P O P D
A C V G V J Q L E L B T N H K
X H P H M O R T I D H K F J T
Z F T T E H Z E B E I I X Z O
S H W B L A V N R Z K E F J L
I L U U U E E S M X F O N Z W
S V N Q R R X W X S G C C T F
T D Y S D E F A B I H L X B Y
E J Z L Q Z X Y L D O G E H T
R K I C N U O X Q A S R I E H
S H T R A E E H T F O T L A S
C H O S E N H U E S I M O R P

page 83 CHRISTIAN OBEDIENCE

K B G N I H C T A W E N O O N
C L E A R C O N S C I E N C E
F E P U Z G T T G L X T R L N
L S J U I I R X D Z R Y S E O
O S I Q E X N E E A V I C B S
H E N Y N U T O E S R E E R B
C S Y H Y A G H I B S Y S N F
E O H E V P E O C S G F P C D
R D W I B H N I A O I N K E Q
W R T B T Q Q R D J H C I C R
A O A M Y P Y L S R P E E W Q
M N O H E S I T A T I O N D T
J R Q L K F O O R P I D M O A
F P Y C K P N G T O Y Y K W D

page 84 JUSTICE IS LOVE

F E Z F Z Y Y T I R G E T N I
A Q E X P G R Y Y E U N I H O
I U H T U R T F T T E V E B E
R A O W Q G J A J I S G J T K
H L H J Z M M C Q V L E D R I
P I U P C I A C S Z C I N U M
L T K O T Z D S F T E E V O J
V Y D I S D E E I J X D U I H
J E G P C N X V A H N G L R C
H E N B T O I N B U S Y Q W Y
L M L H G T U F C V Y E Q T R
Q W G I Y P C R W H X V L S T
K I U K T O O B T A M L K U M
R M I M P A R T I A L J U J R

page 85 THE JUDGES OF ISRAEL

U W A O N M A F Y N O E D I G
E A Z T B E B Z T Z W R M H D
L B T H M B D R O C E Q K E G
I I C N K Y O Y L P K H B X N
R M W I U A N R A X T O Q X S
F E A E M B L C K O R U H A K
R L I L E H U S H A T K M P A
F E K B H H A G H Y M U J T X
Z C W F Z N L H V U E K Q S O
L H E V O A O R T L L Z O I E
D K L L T M N S W H B R U S T
U X O W H M X J M E P N I V F
H M N V A V R P E A A E E A O
E Y S H A M G A R P S H J K J

page 86 TEMPERANCE AND MODERATION

C H A S T I T Y P T P Q K M Q
M R X M S N O I T A R E D O M
T L F R E D U T I T R O F D S
N W O E L C O M P O S U R E S
O E E A F W J A B V S J N S S
I C C S C X T U Q I V F P T C
T N N O O G H N K H O U O Y A
E E A N N J I B I V K I I T U
R D L A T X H M O A C D S I T
C U A B R J Z J W I R N E G I
S R B L O V M E S B Z T M M O
I P E E L E L M A J O S S H U
D C A L M N E S S U U S F E S
S E L F D I S C I P L I N E R

page 87 BIBLICAL JOURNEYS

Y K S I L A S A M A H A R B A
L G A I Z E R E H O B O A M J
S E J A O A N H U R V J U C B
U M E W B S Y K A X U S L A A
X V S I J E L Q T K P T R W Y
C L U M H N H I S R E N H N M
R Q S U A H R S B N A B J I W
N Y P M P B F V F B Z L E E I
U J A E O Y P V A O E F N R S
D A S C R I Q S D O N L A I E
N O A E L C W M I V L E Q M M
J J T I Z O E G V Q A U E U E
L E H G Q W H O A Y Y C A U N
P P W L J R Q C D Q H R J P Q

ANSWERS

page 88 COUNT YOUR BLESSINGS

L J H T A H F E N O Y B E N O
A W O R D W W Q Z J L L V T B
N H H K S N V Z D Y Q E R E I
G R V E K Y O C O W D S H M L
E P K I A P I C X N C S L P L
L E Y E L V Z R E U M I B E O
S N U Q G E E S O P F N N S W
D O N E P Z Y N G O M G J T S
K G L X M E C N E D P S D C D
Y T Z W N Y I Q P E T R R G N
M F N R J G V D Y S S V A W E
J W U U N O O S R S O C W C T
U O V I O C K P M O L I E A T
J Z S I W C K E S T L A R B A

page 89 THANKS BE TO GOD

T G R A C E A V X P T N X R Q
N J S F L A M E N V U K D E H
O O R T A T Y E W C J D J J O
I Y Z R E T S U X G H Y O O L
T E H I P W R A G U N D N I Y
A Y A B S N F N F O L I I C N
C D S U Z M I E I D L T N E A
I W U T G S P T V H A T S Q M
L N Z E S M A R P Z P E X G E
P O A E E C V O R J E P T Z H
P B L E O J W O R S H I P S E
U B T V A N O I T A T L A X E
S S N P W L H Y T H G I M L A
E I M X N O I T C I D E N E B

page 92 HALLOWED BE THY NAME

D R G W A I U D R E H P E H S
R I E B C L H N W P G B W Q M
K K V D Q G M T R M C X R Q A
G C C I E N B I S E T C E O S
K R A L N E O Z G O K M H V T
O E G U J I M Q H H H A T P E
S A U Y P B T E Q A T A A D R
S T W G M W C Y R H I Y F R Y
E O J I J G R E R E V I L E D
N R L L P C J V N D P V T V O
I M E S S I A H H A V O H E J
L V P G N I E B E M E R P U S
O R X S A V I O R K I N G J I
H H O L Y S P I R I T W P N Z

page 93 IN THE BEGINNING, GOD'S CREATION

Y D L N N A M O W D N A N A M
A M A I Z M R W O S T N A L P
Z L J F G W E S D N Y O M B K
Y Y L G I H S U S I W A E F B
X L M C N P T J T G M I D U D
N S O L R P V T M H B Y L D H
U N O Q J E R G O T J S W S O
S I N U W B A R S I H N Y Z Q
S A S Y N S M T T Y R D X K Y
E T V H P S R O U M D K N H S
O N H L T E S U Y R T H C A B
L U D T T R T F Y T E V J Y L
G O I A J Z A C F B R S A J D
O M W V T J C E S N O S A E S

page 94 OTHER NAMES AND TITLES FOR JESUS

D I W W I O C P N O I L U W M
W A A I M G C L J Y Y E J C S
A N S M T E I D O G F O N O S
O O M H B N D W R A F M I D X
X I E W T I E I T O V D N F B
L N Q A S D N S A M W P R R P
A T P X E O T E S T K E E I N
S E G T I G Q S T N O A H M E
T D D M R F H T J A D R D T N
A O A I P O M T S U C Y Q X A
D N G O H B K I H I P O V C H
A E E Y G M N P T G R N V Z P
M E M F I A Y B U N I H T D L
L X O T H L Q F G Z I L C F A

page 95 SYMBOLS AND EMBLEMS OF CHRIST

V I N E P F M M B P M T O O R
J F W A N C H O R R G H C F R
Q W E C K Z T B V E C Q B O F
H Y A R X G O O W C D E C Q N
L Z G N E Z E Q H I N K S P F
E E L K C L Z E W O X U X U D
S Y E O P Z N G T U N Z Q K T
P P Q M O R H S W S H G P N R
F K E T X P R U Q S F E L O U
J T W H T E V H T T H Y S I D
B X L H N E O D I O R E O L A
S C G R D Z R S R N C Y D Y E
A I O P O L Y U R E B W V O R
L C S O F S S Z Q I F L A C B

ANSWERS

page 96 TEACHING, AN HONORABLE PROFESSION

M A N A E N E M B D S U S E J
Q R M Q J K O S K A O N G B A
Z D K F K S E W V T O C C Q D
S H S Z E O Z B W E J Z U A H
U I A S K L B D M F W I V N K
I C A W W D Y I L C L I N C X
C S L R P H S S W A D U O M G
U O L D E Y N U A H D L C I F
L L I P C O H O K B A T U C A
D L C L L U T T M T A I E A L
A O S M F L X H O O W N S L P
R P I H W V X K V M L T R O W
Z A R J Q D N U B W I O G A J
E T P M H L E U M A S T S U B

page 97 WHO CAN YOU TURN TO?

G Y I O Z X U K D H A M A H P
O R U K X Q S D N E I R F A P
S T A O W E B S I T E S S R P
C E Y N B P N J Z B D T A V P
H A N K D I U Z M W O Y H A J
O C X X K P K O I R E G R A A
L H M R N J A A R R X E H K H
A E F E I V A R L G N N L H C
R R N Q A C M X E T E D M L U
S E O R L W E L S N P L E W Y
M L C E P Q S M I V T R B M H
S B A D A S K O O B G S O I R
B I E L H C D U M Y B X B R B
P B D E C E L I H C R U H C X

page 98 PSALM 41

M E L B U O R T G V S U U S E
B L E S S E D F A I M M B F H
E N E M I E S Z N S S N M M U
R G V L G H L N Q S Y F W V R
J E N I H N E R H P M U I R T
D B Q I N D I K R E V I L E D
D G L U H T O T K E R D W K D
P X Y U I S E F S O P Q R G H
U E R E F T I G L A W S F M B
M W R R T I E U R X L V I E E
I E G I E E C H G I A R Q H T
X M A T S X A R V N T M E A W
I Q A A I H R W E P A Y R V J
W H D E V I S E D M L L I X E

page 99 PSALM 95

I U K A A L D E V C A K P T G
G M N C Z B O O P F G R H Y Y
Q L E X K K B I W R X A L I M
C J E T Z B H F D N N N D W H
P G L V Z S O L Q K F A R I S
L A I H R I B W S X Q K L T A
P S S O X O G G I E L L R N D
B W W T R N I F B R S E R E O
A Y Q O U V Y Q E E N K Z G H
S L M M I R P B E G R K S W A
E W I N B E E K T C K O R I D
D K G A E O A H D H I D F R H
A P E H W L Z W C C J O Z E H
M S S S Q D Z G H E A R V W B

page 100 GOD'S WORDS

T V E A R T H V B B H S N O S
Q B M T T J A J M I A L U Q W
Z K A C U V D B Q Z N Y V O Z
C L N J I D D R Z N D V R Y X
T H I N G S B X O E E D M K O
G E X T W G F O F L S V I H G
O C H P K D I N N B B N A L T
D U N Y Z O N E D E G X D E E
C R C T J E R A A V V N T O H
W I I C L D T T L E H H E A T
H G D P L K C U U S Q A E D X
C B O I J S Z M Z U T R A E H
K E H R P P K U X O N O S F M
P C K N W I L T A H Q T Z H I

page 101 IMPORTANT SERMONS

H M M O S E S W B D E T B P J
H E P I W Q Y D A S L S Y A A
A J J E A J V G A T I I N U M
I Q O X T P I M M T J T A L E
S Z S G C E U U N J A P Q Q S
O H H I X E R E U Z H A K K J
J S U J L A H H T N X B C D E
B E A K A P M A J L R E C N S
F G W G E B G I B Z S H P O U
U B T T N D H K Y Y U T N M S
D G S R I A A E F N G N O O P
U N H V N G U Z J E D H R L L
Y A A O G K G E D Y V O A O Y
H D J T B E R H S T W J A S X

ANSWERS

page 102 DEADLY SINS

P O D I S O B E D I E N C E V
C R J X Q N Y M E H P S A L B
E L X S M X L Y N O T T U L G
N C A G E O Y T U L B U A Z W
V V F C S B F S H I E R O G Y
Y M U Q K D I E I D E R T A H
E K L G E O P R Y R T Y T J C
N A P E K A F R B Y C Y J K W
H Q R C R Q T M R G T O S N R
I G Q Q Q A H E E E N B P Y A
G Q O K L T K C Z R D I K Y T
M Q F O O C I L J M C I K X H
R K D L O X Q W T N L Y R A S
C I S M F K W N T S U L N P T

page 103 GALATIANS 6

C J M M Q E V O R P Z R P U G
M O R B C O Q T U T O G Z R F
M Y R E R T L U A F I I A L I
G S J R S E W W A S M C E V T
A L C D U T T L Y Z E S Y E G
R A R E H P O H T F H U M D N
Y H E K T W T R R P C P D E E
S T A C E L F I E E T D B I K
N E T O V A R M O E N M A F A
E H U M I H F L D N Q W A I T
D C R F E S S E N K E E M C R
R A E O C J D O M U W K D U E
U E J N E Q Y Y Y M V X X R V
B T V X D H T O W L E H O C O

page 104 GIFTS FROM THE HOLY SPIRIT

I P K L E M I R A C L E S M H
N G N I D N A T S R E D N U R
T O O G Q P J G N I H C A E T
E E W I R O V L X K M N P W G
R V L V M C G V M Y O I O H N
P A E I K X W O C I H O E T I
R N D N B C D E T S M A R X R
E G G G U S H A E E L V N L E
T E E Y I P T L R I J I F F T
A L K W O R T C N Q U V B A S
T I U R O S Y G T D E O Z I I
I S P H O E T V L M F D O T N
O M X P T O N G U E S H Y H I
N E A F I O P W A D K Y N M M

page 105 PSALM 119, THE WORD OF GOD

P L M M T S E C N A N I D R O
R Q F K N R B L S E I C R E M
E Q Y R C R D Y F M X R A Q H
C C O M M A N D M E N T S E D
E S A L V A T I O N J D A T X
P M P W Q H X E T B B R R Y E
T I C B O Y Z S T C T D E E H
S N I M Y N E F E N E X Y W F
D Q Z W G T D C C E C P R F J
R T U J U S I R I C S I S S G
O A P T P P T M O T F I E E U
W A A H E Q O W J U S N A K R
G T B C E Z A A E Z S U P R A
S U Y G K L B Y R L N S J K P

page 106 PSALM 19, IN CELEBRATION OF GOD

U W T E S T I M O N Y R T B L
E N L I G H T E N I N G N A Q
K Z M K R O W Y D N A H N U T
A A E N D U R I N G G G W A S
M F I R M A M E N T U K B Q C
O Z P H Q E E W E A B E Y K I
O R S C C I M C G D R I Q P R
R V E I R T A E R N G Z R I C
G G P M M R K T A E J U B Z U
E N Q V E P K C T Y T Z U Q I
D O H K H E L S K F E E B S T
I R X D U E D E E O S N E B P
R T C U Y X S E I D K P O W Y
B S D B K D J R R R I K G H S

page 107 PLACES JESUS VISITED

M Z B S A I M U A N R E P A C
O G E A G N A Z A R E T H X O
U O T M Y H M C V G A R Z J C
N L H A R K O W J X P R A R N
T G L R A Q C U P M T C D A G
O O E I V I N A U P O P I S J
F T H A L K C I N B C N Y D Y
O H E L A N R L S A W Z E G W
L A M F C O J W G X W Z Z K E
I U F A T Z E A H T A B B A G
V V K E E L I L A G F O A E S
E S A H L B V X L A P L B E A
S R H D Y N A H T E B W B B D
P B O C L L E G A H P H T E B

ANSWERS

page 108 TYPES OF FEASTS IN THE BIBLE

C R N U D C I K E E L I B U J
W E D D I N G R E V O S S A P
T P E N T E C O S T S V A M L
A W S X P H A J C D Z F M D O
B P T T U N V D S D Z U Z R P
E H R G I D O I R T L B D P D
R E U U V U V I N V X I W G V
N E M V T O R E T Y N E I Z Z
A H P G H V M F Y A I O Y H Y
C E E P M E C X T M C V I H S
L T T I N X R I P S I I C N C
E D S O S H O U U Q R R D V O
S W T S P N L Y B T Q I U E A
Y A S A B B A T H U Q R F P D

page 109 TYPES OF FOOLS IN THE BIBLE

S H O R T T E M P E R E D P I
G I O N R N T A S W R I K P G
X G R I D E M E D D L I N G N
U I C N U N P R E P A R E D O
F H G F P E N R Q T Y C T C R
B C P K F S R X G C J L R P A
S E X U A L L Y I M P U R E N
G O D I S O B E D I E N T U T
N G Y D E R E T N E C F L E S
I P H I L O S O P H I C A L V
K E I T S S E L T H G U O H T
C L E G A L I S T I C C E Q V
O M A G N I V E I L E B S I D
M F H X O G N I R E D N A L S

page 110 THINGS WE SAY FROM THE BIBLE

B R O T H E R S K E E P E R S
A P R O M I S E D L A N D A P
E S R E H L Q A T S S E L L A
Y A H O R G D E Z E Y T A T Z
E M E E D I K Q P W O D H L V
Y J U G S C F A O F D W H H W
M D S L U T R E T E H B Z I I
F C A B T G O H R W T L T L T
O O O G R I E A X Q E M E L S
E A S U W E P L S N H X N S E
L O O M A H K L Z H P T M J N
P S J R Z C F K Y M E U I B D
P N T G N I A C G N I S I A R
A H Z Z H N E Z A N K Z E K F

page 111 ULTIMATE PRAYERS OF THE BIBLE

J O S H U A U I Q T S I R H C
S T E P H E N V L E U B K I H
N K V T D O O L M U J N N E N
O V C X A L D O X O F S Z P Y
M H V N N N D A H L S E P W U
O B L A I R E A V M K E W Z M
L L G W E V I R F I C R S Q O
O M L C L R G X A X D R Z K R
S H A Y A Z Y H V I J W J G O
E U N H W D Z H A I M E H E N
M Y C Y A J H A J I L E F H N
C E R N R R R Z K N O E D I G
Z A R B O J B L E H A N N A H
M Y U R A G Q A T N T B X J H

Reader's Digest Large Print Religious Word Searches
Copyright © 2020 Trusted Media Brands, Inc.
All rights reserved. Unauthorized reproduction, in any manner, is prohibited.
Reader's Digest is a registered trademark of Trusted Media Brands, Inc.
ISBN 978-1-62145-510-3

Images: Shutterstock

We are committed to both the quality of our products and the service we provide to our customers.
We value your comments, so please feel free to contact us.

Reader's Digest Adult Trade Publishing
44 South Broadway
White Plains, NY 10601

For more Reader's Digest products and information, visit our website: **www.rd.com** (in the United States) **www.rd.ca** (in Canada)

LARGE PRINT RELIGIOUS WORD SEARCHES

PROJECT STAFF

Project Editor Pamela Johnson
Proofreader Joan Page McKenna
Graphic Designer Olena Lytvyn

TRUSTED MEDIA BRANDS

President and Chief Executive Officer Bonnie Kintzer

Printed in China 1 3 5 7 9 10 8 6 4 2